Aline Gruber-Keppler

Sanfte Lichtarbeit am Fuß

Die Metamorphose

Die Metamorphische Methode und die Chakren

Ryvellus
bei Neue Erde

Hinweis des Verlages

Die Angaben in diesem Buch sind nach bestem Wissen und Gewissen zusammengestellt. Menschen reagieren jedoch unterschiedlich, so kann weder Verlag noch Autorin im Einzelfall eine Garantie für die Wirksamkeit oder Unbedenklichkeit der geschilderten Anwendungen übernehmen. Bei ernsthaften gesundheitlichen oder seelischen Problemen wenden Sie sich bitte an Ihren Arzt, Heilpraktiker oder an einen Psychologen.

1 2 3 4 5 6 7 20 19 18 17 16 15 14 13 12 11 10 09 08 07 06 05

Aline Gruber-Keppler
Sanfte Lichtarbeit am Fuß – Die Metamorphose

Titelseite: Dragon Design, GB, unter Verwendung eines Fotos der Autorin

Satz und Typographie: Dragon Design, GB
Gesetzt aus der Galliard
Illustrationen: Andreas Keppler

Gesamtherstellung: Fuldaer Verlagsanstalt

Printed in Germany

ISBN 3-89060-475-7

NEUE ERDE Verlag GmbH
Cecilienstr. 29 · 66111 Saarbrücken
Deutschland · Planet Erde
info@neueerde.de · www.neueerde.de

Sanfte Lichtarbeit am Fuß – Die Metamorphose

Ich widme dieses Buch dem göttlichen Funken,
der in jedem von uns sehnlichst darauf wartet zu erblühen.

Inhalt

Epilog

Eine kleine große Seele im Weltall ist schon eine Weile dort und hat sich ausgeruht von ihrer letzten Reise durch das Leben. Inzwischen hat sie einen Plan gemacht, was sie in ihrem nächsten Leben lernen oder verfeinern will. Vielleicht hat die kleine große Seele einige Teile ihrer Persönlichkeit bereits schön entwickelt (z. B. Liebe und Einfühlungsvermögen), andere Teile hinken in ihrer Entwicklung hinterher, wie z. B. Selbstwertgefühl und die Fähigkeit, nicht andere, sondern sich selbst an die erste Stelle zu setzen.

Sie nimmt sich vor, ihr Selbstwertgefühl von innen heraus zu entwickeln, zu lernen, wie man sich wehrt und nein sagt, damit ihre verschiedenen Persönlichkeitsschichten in Harmonie kommen können. Mit diesem Entschluß im Hinterkopf entscheidet sich die Seele jetzt, sich wieder auf die Reise zu machen und einen menschlichen Körper anzunehmen. Sie sucht sich eine Mutter bzw. ein Elternpaar, das perfekt zu ihrem Entschluß und ihrer Lernaufgabe paßt. Diese werden ihr die optimalen Wachstumsbedingungen für ihre Lebensthemen liefern. (Was nicht immer angenehm ist – da wir zum Wachsen mitunter auch schwierige Lebensumstände brauchen.)

Ist die richtige Mutter gefunden, inkarniert die Seele und beginnt ein (weiteres) Menschenleben – zunächst im Mutterleib bis es groß genug ist, um geboren zu werden, selbst zu atmen und nach und nach selbständig zu sein.

In der Zeit zwischen Zeugung und Geburt, auch pränatale Phase genannt, ist die Seele aufs Engste mit der Mutter verbunden.

Alles, was die Mutter fühlt und erlebt, geht ungefiltert auf das ungeborene Kind über, das hochsensibel und ohne jeden Schutz in ihrem Bauch heranwächst.

Während der neun Monate im Mutterleib werden nach und nach die Wirbelsäule sowie sämtliche Organe ausgebildet. In dieser Zeit wird auch die emotionale Färbung der Mutter im jeweiligen Stadium seiner pränatalen Entwicklung im Körper und in der Zellstruktur des Kindes gespeichert, sozusagen als Grundinformation, als Basis für das ganze kommende Menschenleben.

Dabei geht es nicht nur um die emotionale Färbung – auch freudige oder traumatische Erlebnisse und Körpergefühle werden hier direkt als Information gespeichert. Später, wenn das Kind heranwächst, kann man diese Grundinformation in Form von LEBENSMUSTERN ablesen. Ist die Mutter während der Schwangerschaft z. B. depressiv, so wird das Grundlebensgefühl des Kindes dies widerspiegeln.

Da diese Grundlebensmuster uns zwar stets begleiten, aber oft eher unbewußt sind, wurde bereits von den alten Ägyptern bewußtseinserweiternde Methoden angewandt, die diese lebensfeindlichen Muster aus der längst vergangenen Zeit im Mutterleib wieder ins Bewußtsein brachten. Mit Hilfe dieser Methoden wandelten sie überholte Lebensmuster und Strukturen um.

Robert St. John hat sich in der heutigen Zeit mit diesen vorgeburtlichen Einflüssen auf das ungeborene Leben eingehend befaßt. Er ist der Begründer der Metamorphose und hat sie in seinem Buch »Metamorphose – Lehrbuch der Pränatalen Therapie« systematisiert und beschrieben.

Ich selbst kam durch meine Lehrerin A. Lilien Bürgel mit dieser Methode in Kontakt, die sie selbst von der alten Weisen Dina Rees vermittelt bekam. Ich befand mich in einer Lebenskrise, die ich mit Hilfe dieser Methode gemeistert habe. Nicht nur das – ich bekam eine Methode an die Hand, die mich viele Jahre meines weiteren Lebens begleiten würde, zunächst als Schülerin und Auszuübende dieser Methode, später selbst als Lehrerin.

In langen Jahren meiner Arbeit mit der pränatalen Therapie in Einzelsitzungen und Seminaren hatte ich Gelegenheit, wunderbar tiefe und heilsame Erfahrungen in den Behandlungen zu machen. Mit der Zeit begann ich, Farben, die ich mir vorstellte, in die Behandlungen mit einfließen zu lassen. Ich bekam tiefe Einblicke in Verletzungen, die in der vorgeburtlichen Zeit entstanden sind, begriff die Zusammenhänge und wie sie zu lösen sind.

Ich begann zu begreifen, daß ich durch meine Arbeit mit den Händen, mit denen ich die Füße berührte, in kurzer Zeit die wichtigen Informationen bekam. Ich konnte den Verlauf der Entwicklung meines Klienten sehen und welcher Art die Verletzungen aus dieser Zeit waren.

Manchmal sehe ich Bilder aus Familienszenen, die lange zurückliegen und als Traumata oder Schocks im Energiesystem hängengeblieben sind und so den Fluß der Lebensenergie behindern.

Tiefes Mitgefühl entwickelte sich gegenüber meinen Klienten, nicht zuletzt auch deshalb, weil ich all diese Erfahrungen am eigenen Leib erlebt und nach und nach umgewandelt habe. Mehr als das, unter all den Ängsten und dem Schmerz kamen für mich völlig unerwartete Fähigkeiten und geistige Potentiale zum Vorschein, und ich empfinde diese Umwandlung noch heute ein bißchen wie ein Wunder.

Mir ging buchstäblich das Herz auf, und ich konnte mit meinen Händen, die dem Herzchakra zugeordnet sind, Energien fühlen, die für andere Menschen unerschlossen bleiben, weil ihnen die dafür nötige sehr ausgebildete Sensibilität fehlt.

Irgendwann entstand die Gewißheit, daß dieses Buch über die Erfahrungen mit dieser wunderbaren Methode darauf wartete, geschrieben zu werden. Auf diese Weise kann das Wissen um die Wirkungsweise und die Anwendung der Metamorphose viele Menschen erreichen, die vielleicht bereits auf diese Informationen warten. Ich glaube, es ist an der Zeit, daß die innerhalb der einzelnen Familien über viele Generationen weitergegebenen Verletzungen ans Licht kommen dürfen, damit sie geheilt werden können.

Also will ich es angehen ...

Die Metamorphose – Was ist das?

Die Metamorphose ist eine sanfte Lichtarbeit an der Innenseite des Fußes. Der Begriff »Metamorphose« heißt wörtlich übersetzt »Umwandlung«. Dies bezieht sich auf Lebensmuster, die umgewandelt werden. Die Raupe wird zum Schmetterling, das angelegte Potential des Menschen entfaltet sich. Deshalb ist der Schmetterling das Symbol für die Metamorphische Umwandlung.

Diese Methode ist vom Ansatz her bewußtseinserweiternd, und sie wirkt lösend auf negative seelische Strukturen und Lebensmuster, gebildet in den neun Monaten, in denen der Embryo im Mutterleib heranwächst. Diese Phase wird auch »Pränatale Phase« genannt, und heißt wörtlich übersetzt: »Vorgeburtliche Phase«. Daher wird die Metamorphose mitunter auch als »Pränatale Massage« bezeichnet. Dabei geht es um Lebensmuster, die, gebildet durch Erfahrungen im Mutterleib, innerhalb der Familien weitergegeben werden. Diese Muster können sowohl von der Seite der Mutter als auch von der Seite des Vaters auf das Kind übertragen werden. Sie behindern die volle Entfaltung und den harmonischen Fluß der dem Menschen zur Verfügung stehenden Lebensenergie.

Die Arbeit am Fuß bedeutet für den Klienten eine Loslösung von seiner Vergangenheit, indem negative Einflüsse aus seiner Embryonalzeit und die daraus resultierenden Lebensmuster klar erkannt und umgewandelt werden. Einengende Strukturen, die der freien Entfaltung des seelischen Potentials (und dies ist bei allen Menschen unendlich) entgegenstehen, werden verabschiedet,

Klarheit und Weite entstehen. Im Gegensatz zu der landläufig bekannten Fußreflexzonenmassage geht es hier nicht um die organische Ebene, sondern um die Ebene der seelischen Muster.

Das seelisch-geistige Prinzip

Als Grundlage dieser Technik wird davon ausgegangen, daß der Fuß als Ganzes das Abbild des Menschen darstellt und am Fuß alles wiederzufinden ist, was im Körper gespeichert ist, also auch sämtliche Organprojektionen sowie die seelisch-geistigen Muster.

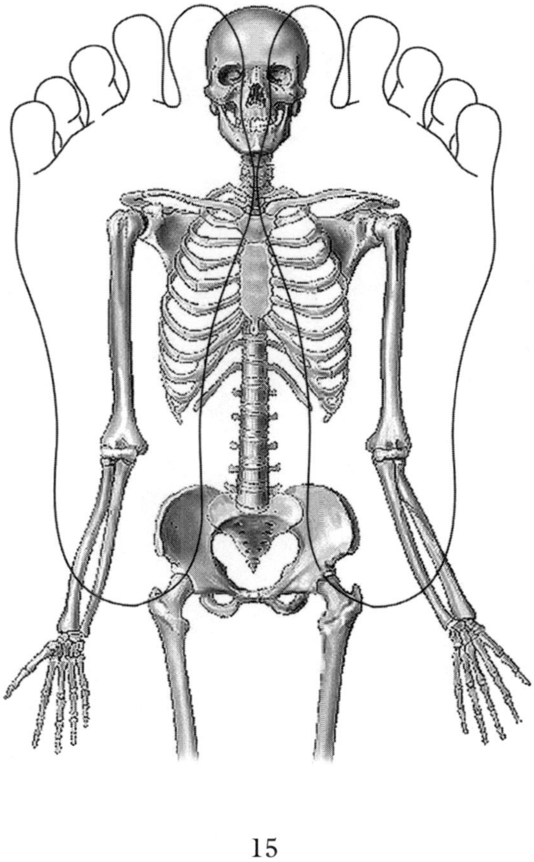

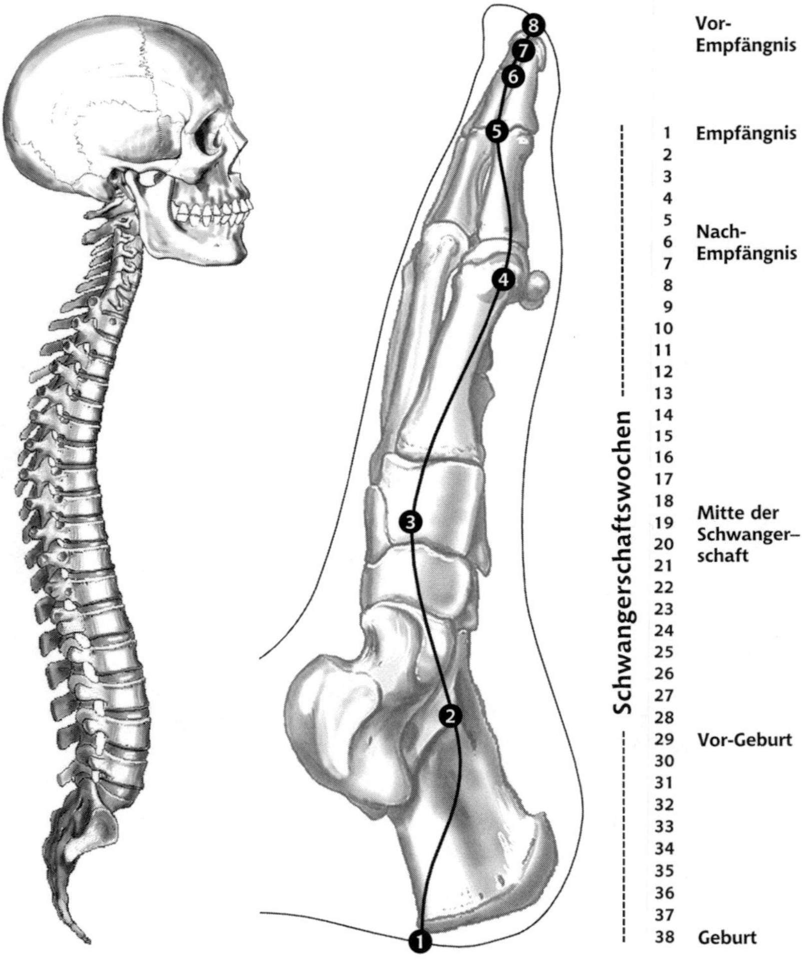

Zu dieser körperlichen Übereinstimmung kommt nun hinzu, wie Robert St. John herausfand, daß die Linie an der Innenseite des Fußes, die der Wirbelsäule entspricht, eine Entsprechung zum zeitlichen Verlauf der Schwangerschaft darstellt. So wird während der Schwangerschaft nach und nach die Wirbelsäule mit den entsprechenden Organen und Gliedmaßen gebildet.

Während im Mutterleib also nach und nach der kleine Körper heranwächst, werden nicht nur die Informationen gespeichert, die das Körperliche betreffen, sondern auch die seelisch-emotionalen Einflüsse in allen Phasen der Schwangerschaft. Alles, was die Mutter in dieser Zeit erlebt, hat Einfluß auf das werdende Leben. So kann man anhand dieser Skizze den Verlauf der Schwangerschaft ablesen und nachvollziehen.

Die Arbeit am Fuß stellt den wichtigsten Bereich bei der Anwendung der Metamorphose dar. Die Methode gliedert sich jedoch in drei Bereiche mit den jeweiligen Zuordnungen:

- Die Fußlinien: betreffen die pränatalen Muster des Seins.
- Die Kopflinien: betreffen die Denkmuster.
- Die Handlinien: betreffen das Handeln und das Umsetzen von Denkmustern.

Zunächst werden nur die Punkte am Fuß behandelt. Sind im Laufe einer Behandlungsreihe erste Anzeichen einer Veränderung zu bemerken, so kann man die Kopf- bzw. Handpunkte hinzunehmen, die das Denken bzw. das Umsetzen dieser Veränderungen betreffen.

Die Pränatale Linie und ihre zentralen Punkte

Die Linie, die für die Metamorphose maßgeblich ist, befindet sich an der Innenseite des Fußes. Hier lassen sich verschiedene zentrale Punkte, an denen der Verlauf der pränatalen Entwicklung abgelesen werden kann, bestimmen.

Diese Linie gliedert sich in folgende Punkte:

1. Geburtspunkt
2. Vorgeburt – beginnende Bewegung
3. Mitte der Schwangerschaft
4. 2./3. Monat, die Mutter erfährt, daß sie schwanger ist.
5. Inkarnationspunkt
6. Karma
7. Schicksal
8. Vergangene Leben

Wie findet man die Punkte?

Sämtliche Punkte sind auf dem äußeren Knochenrand des Innenfußes zu finden.

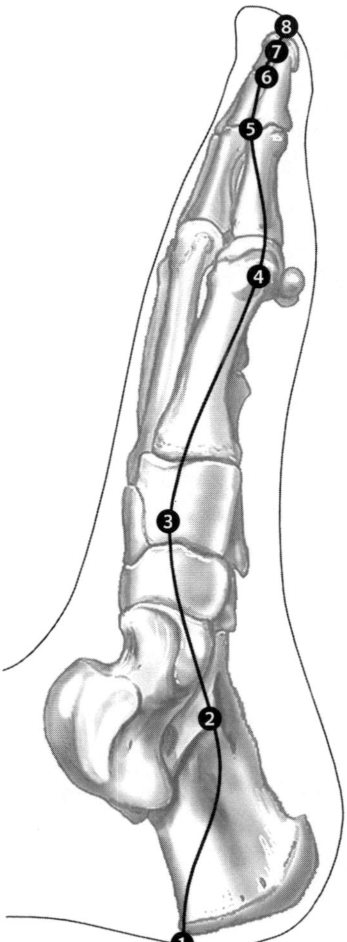

Punkt 8
liegt genau auf der oberen Nagelecke.

Punkt 7
liegt genau in der Mitte, zwischen unterer und oberer Nagelecke.

Punkt 6
liegt ganz genau an der unteren Nagelecke.

Punkt 5
findet man durch Abknicken des großen Zehs am äußersten Rand

Punkt 4
liegt auf der obersten Spitze des Gelenks zwischen Fuß und großem Zeh.

Punkt 3
liegt direkt am höchsten Punkt des Innenfußspanns.

Punkt 2
Vorgeburt findet man an der Innenseite des Fußes ca. 4 cm von der Ferse entfernt, unterhalb der Knöchelspitze.

Punkt 1
Den Geburtspunkt findet man hinten in der Mitte der Ferse ca. 3 cm oberhalb der Fußsohle.

Anwendung – Technik

Die Behandlung am Fuß beginnt damit, daß ich meine Hände mit den Handflächen nach oben unter die Fersen meines Klienten lege und ihn so willkommen heiße. Dies bewirkt ein erstes Loslassen, und die Behandlung kann beginnen. Bereits bei dieser ersten Berührung kann ich einen ersten Kontakt herstellen und fühlen, welche Art von Füßen da vor mir liegen, und ich habe einen ersten energetischen Eindruck von meinem Klienten.

Es gibt tausenderlei verschiedene Füße, und jeder Fuß, einmalig wie er ist, trägt die gesamte energetische Information des Menschen und des Verlaufs seiner Embryonal-Zeit in sich. Es gibt Menschen mit wunderschönen Füßen. Diese Menschen waren sicherlich Wunschkinder, und die Zeit der Schwangerschaft war eine unbelastete Zeit für Mutter und Kind. Die Lebensthemen dieser Menschen liegen in anderen Persönlichkeitsbereichen. Die meisten Menschen aber haben Füße mit ein oder zwei Arbeitspunkten.

Auffällige Stellen wie Hornhaut, Rötungen, Knochenabweichungen, geplatzte Äderchen, Überbeine (Halux)* zeigen mir, evtl. bereits bevor die eigentliche Behandlung beginnt, wo mein Klient seine Arbeitspunkte hat.

Ich will die Punkte, an denen pränatale Belastungen zu erkennen sind, Arbeitspunkte nennen, weil ich persönlich das Wort Blockierung nicht besonders mag.

Nachdem ich mich energetisch auf den Klienten eingestimmt habe, beginnt die Behandlung, indem ich beide Füße zuerst entlang der Innenkante »aufwecke«. Ich massiere großzügig die ganze Linie an beiden Füßen und gehe dann zu leichtem Klopfen über.

Nach dieser ersten Aktivierung berühre ich nun als erstes den Geburtspunkt und schwinge mich auf die Energie ein, die mir an dieser Stelle entgegentritt.

Diese Energie kann sehr unterschiedlich sein. Es kann sein, daß mir eine harmonische und freudvolle Energie entgegenstrahlt, ebenso wie andere Schwingungen, sei es Chaos, Schmerz, Angst, Panik oder anderes.

Da meine Berührung aus der Stille kommt, fühle ich zwar die Energie, aber ich bewerte sie nicht, sondern nehme sie einfach wahr und lasse sie da sein.

Ich bleibe so lange auf dem Punkt, bis er sich für mich entspannter anfühlt, in der Regel zwei bis drei Minuten, und gehe dann zum nächsten Punkt über, der wieder eine völlig andere Energie haben kann.

Der Reihe nach berühre ich nun jeden Punkt und lasse die Energien sich harmonisieren. Wie dies geschieht, werde ich im nächsten Kapitel genauer beschreiben, weil der »Erfolg« meiner Behandlung in hohem Maße davon abhängt, aus welcher inneren Haltung heraus meine Berührung geschieht.

Anhand der Reise meiner Finger über die Punkte kann ich genau ablesen, wie die pränatale Zeit verlaufen ist. Oft bekomme ich Bilder mit Familiensituationen oder andere Bilder, die mitunter bis zurück in andere Leben reichen. Auf jeden Fall weiß ich nach meiner Behandlung um die Energien meines Klienten während seiner Embryonalzeit.

Jetzt wird die Linie an beiden Füßen mit kleinen sanften Kreisen massiert, um die einzelnen Punkte miteinander zu verbinden und das Gesamte nochmals zu harmonisieren. Dabei nehme ich zunächst dieselbe Richtung wie vorher, nämlich von der Ferse beginnend bis zur Spitze des großen Zehs. Dies wiederhole ich in der Regel ein bis zwei Mal.

Danach lege ich eine große gedachte liegende Acht über die ganze Linie und streiche diese Acht etwa zwei Mal mit meinem Finger entlang. Hierfür nehme ich manchmal auch die Farbe Violett mit dazu, die ich mir gedanklich vorstelle.

Zum Abschluß meiner Behandlung streiche ich jetzt die Linie rückwärts, also am Zeh beginnend bis hin zur Ferse sorgfältig hinunter und wiederhole dies ein bis zwei Mal. Dies ist wichtig, weil die Behandlung am Fuß den bewußtseinserweiternden Aspekt beinhaltet, so daß die Beruhigung durch das »Nach-unten-Streichen« der Linie nicht fehlen darf, vor allem, wenn die Behandlung am Abend stattfindet, weil mein Klient sonst vielleicht so wach ist, daß er nicht zu seiner gewohnten Bettruhe findet. In dieser Weise werden beide Füße behandelt, zunächst rechts, dann links.

Damit ist die eigentliche Behandlung abgeschlossen, und der Behandler sollte die Hände mit kaltem Wasser waschen, um eventuell aufgenommene Energien zu neutralisieren. Körperregungen wie Gähnen, Husten, Räuspern oder Ähnliches sollte beim Behandler während der Behandlung nicht unterdrückt werden, weil sich hier möglicherweise Energien entladen, die dem Behandler nicht unbedingt zuträglich sind.

Der Klient erlebt bei der Behandlung vielleicht, daß Vergessenes aus seiner pränatalen Zeit ins Bewußtsein kommt in Form von Bildern, Erinnerungen oder auch über Gefühle. Vielleicht löst es sich nur ganz latent oder äußert sich nur dadurch, daß Tränen fließen und sich Energie einfach so entlädt, ohne daß der Klient überhaupt benennen könnte, um was es sich handelt. Ausschlaggebend ist dies nicht, denn die Selbstheilungskräfte des Klienten entscheiden über den Verlauf seines Harmonisierungsprozesses. Ich vergleiche es in meinen Kursen gern damit, daß ich wie bei einem Billardspiel nur die erste Kugel anstoße, und das System des Klienten entscheidet dann, was als nächstes geschieht.

Meiner Meinung nach ist dies das besonders Schöne an dieser Methode, daß nicht ich als Behandler irgend etwas bewirken will, sondern daß allein durch meine Präsenz und mein Nichteingreifen in völliger Offenheit dem Klienten und dem Leben gegenüber das Wesentliche und die Loslösung von der Vergangenheit geschieht. Insofern ist es eine sehr weibliche Methode, die nicht direkt eingreift, sondern eher ein Angebot für die Selbstheilungskräfte darstellt, ihr Werk zu tun.

Praktische Anleitung – Schritt für Schritt

Vorbereitung

Nimm Kontakt zu deiner Verbindung mit der Erde auf und spüre deine Verwurzelung mit ihr.

Dann versetze dich in einen Zustand der Neutralität und der inneren Präsenz, den du vielleicht aus deinen Erfahrungen mit Meditation kennst. Der Klient liegt entspannt auf einer Liege, er kann die Augen schließen und loslassen.

1.) Lege deine Hände unter die Ferse des Klienten und erlaube deinem Partner zu entspannen und loszulassen. Nimm dir hierfür etwas Zeit, es können drei bis fünf Minuten sein.

2.) Kurzes kräftiges Massieren der Innenseite des Fußes. Beginne zunächst mit dem rechten Fuß des Klienten und gehe dann zum linken über.

3.) Danach wecke die ganze Linie mit leichtem Klopfen auf, wieder an beiden Füßen.

4.) Beginne am rechten Fuß. Berühre jetzt Punkt für Punkt in Meditation, beginnend am Geburtspunkt bis hin zum letzten Punkt an der oberen Nagelecke, und sende dabei Lichtenergie.

Spüre welche Energie dir hier entgegenstrahlt. Fühlt sich die Energie chaotisch an oder eher ruhig und harmonisch? Beobachte ohne zu werten und bleibe etwa drei bis vier Minuten auf jedem einzelnen Punkt oder so lange, bis er sich harmonischer anfühlt. Dann wechsle zum linken Fuß und wiederhole den Vorgang.

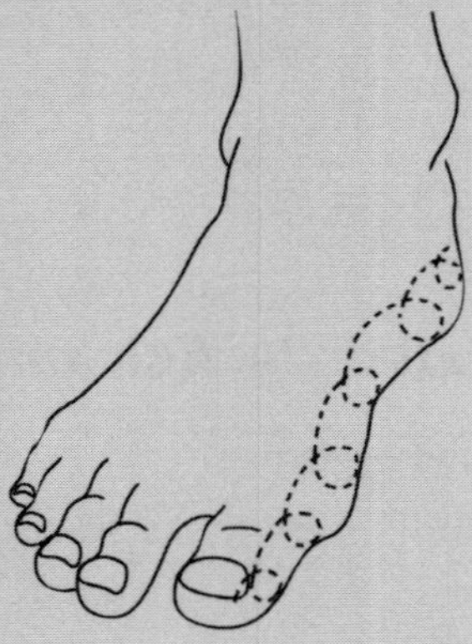

5.) Verbinde jetzt mit kleinen Kreisen die einzelnen Punkte der Linie. Die Richtung, vom Zeh zur Ferse oder andersherum, kannst du selbst bestimmen. Lasse dich hier von deinem Gefühl leiten. Wiederhole dies ein- bis zweimal. (Abb.)

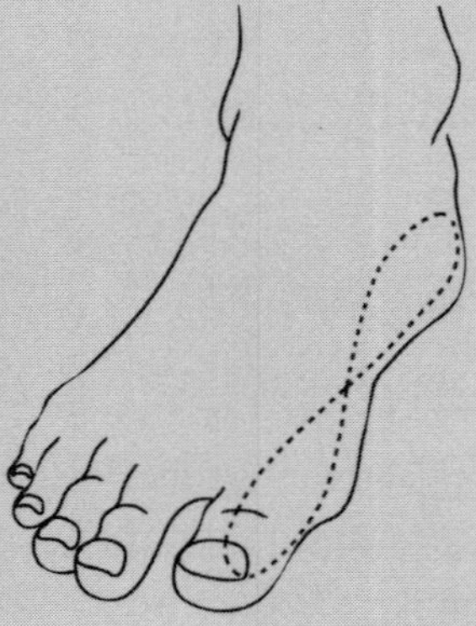

6.) Am Ende streiche die Linie langsam, an der Spitze des großen Zehs beginnend, hinunter bis zur Ferse, beidseitig. Wiederhole dies ein bis zwei Mal.

7.) Lege eine liegende Acht über die ganze Linie und streiche mit dem Finger ungefähr zwei Mal an ihr entlang. (Abb.)

8.) Jetzt löse dich bewußt von deinem Klienten und überlasse ihn seinen eigenen Heilkräften.

Gehe aus dem Zimmer zurück in deinen eigenen inneren Raum und wasche die Hände mit kaltem Wasser, um möglicherweise aufgenommene Energie abzuleiten.

9.) Laß deinem Partner etwas Zeit, vielleicht fünf bis zehn Minuten. Dann nimm Kontakt auf zu deinem Partner und hole ihn zurück ins Tagesbewußtsein.

Wichtig ist hier noch hinzuzufügen, daß wir ganz ohne Druck arbeiten. Wir haben es hier mit einer sanften Energiearbeit zu tun, daher ist unsere Berührung ganz leicht. Wir senden Licht und dienen als Katalysator, daher arbeiten wir ganz ohne jeden Druck, anders als bei der Fußreflexzonenmassage.

Mitunter kommt es vor, daß sich beim Behandler Müdigkeit, Gefühle oder auch Körperempfindungen einstellen. Dabei handelt es sich wahrscheinlich um Energien, die der Klient ausstrahlt und die zu ihm gehören. Sie verflüchtigen sich wieder, sobald die Behandlung vorbei ist und die Hände mit kaltem Wasser gewaschen sind. Es kann auch sein, daß der Behandler gähnen muß oder seufzen, sich räuspert oder ähnliches. Bitte unterdrücke diese Körperreaktionen nicht, weil sich hier Energie ihren Weg ins Freie sucht.

Anwendung – Technik Hand- und Kopflinien

Nachdem durch die Behandlungen an den Füßen bereits erste Veränderungen eingetreten sind, kann man ab und zu eine Behandlung an den Kopf- bzw. Handpunkten hinzunehmen.

Während sich die Fußlinien der Metamorphose auf unser Wesen beziehen und unsere Bewegung im Leben, nehmen die Kopflinien Bezug auf die Denkmuster. Mit der Behandlung an den Kopflinien lassen sich daher Blockaden der Denkstrukturen lösen. Die Handlinien beziehen sich auf das Umsetzen der bereits eingetretenen Veränderungen des Wesens. Hier lassen sich Blockaden im Hinblick auf das Handeln lösen.

Praktische Anleitung Hand- und Kopflinien

Die Kopflinien

Die Arbeitsweise ist wie an den Fußlinien eine Berührung aus der meditativen Stille heraus.

Beginne deshalb die Behandlung damit, dich zunächst in deiner eigenen inneren Mitte zu verankern und dich leerzumachen, um eine Berührung aus der wertfreien Neutralität heraus zu ermöglichen.

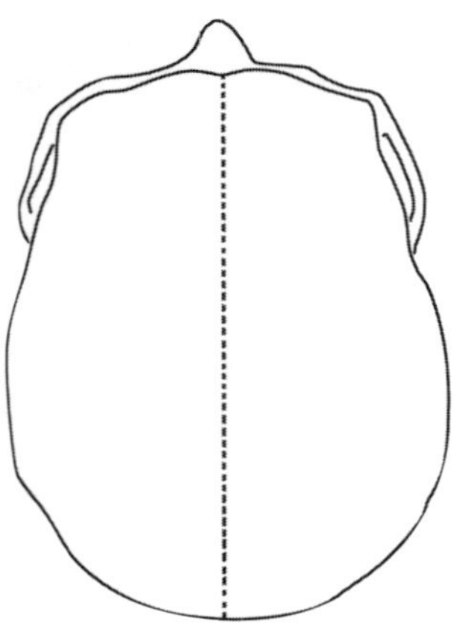

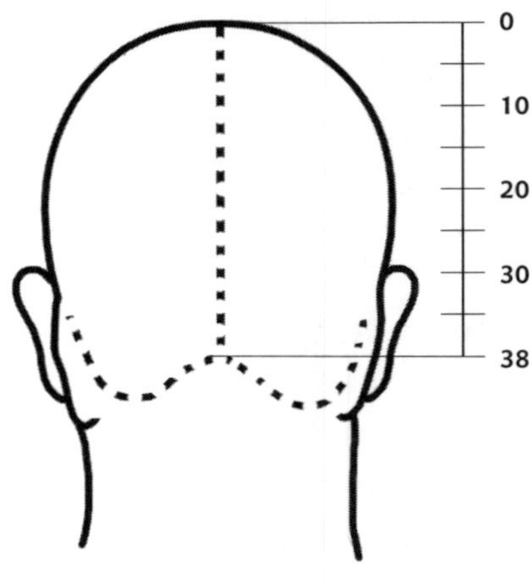

Setze dich bequem an das Kopfende deines Klienten und beginne nun, die gesamte Linie am Kopf nach und nach abzutasten. Beginne vorn am Haaransatz bis sich die Linie teilt, dann rechts und links bis hinter die Ohren.

Bei den Behandlungen am Kopf muß ich immer an einen Geigenspieler denken, der sein Instrument ganz zart und bewußt berührt.

Hier an den Kopfpunkten gibt es nicht viel zu fühlen, deshalb überlasse den Verlauf deiner Behandlung ganz den körpereigenen Heilkräften des Klienten.

Berühre Punkt für Punkt die ganze Linie und sende dabei das Licht, das durch dich hindurchfließt.

Nachdem die Behandlung beendet ist, löse dich bewußt vom Patienten. »Ich überlasse dich jetzt deinen eigenen Heilkräften«, so heißt der dazugehörende Satz.

Wasche deine Hände mit kaltem Wasser.

All deine Aufmerksamkeit kehrt jetzt zu dir zurück.

Für den Klienten ist die Behandlung am Kopf meist sehr entspannend. Er erfährt eine Berührung von einer Tiefe, die sich in Worten kaum beschreiben läßt, weil er hier mit Teilen seiner Seele in Kontakt kommt, die jenseits von Zeit und Raum liegen. Daher ist es oft so, daß der Klient am Ende dieser Behandlung das Gefühl hat, von einer sehr weiten Reise zurückzukehren. Die Einsichten, die seine Seele hier erfahren kann, sind sehr befreiend, auch wenn die Ergebnisse oft wieder verblassen, im Gegensatz zu den Behandlungen der Füße, deren Ergebnis dauerhaft ist. Und doch hat dieser Mensch für einen Moment in die Ewigkeit geschaut und die Relativität unserer Erfahrungen hier in dieser Dimension erkannt. Dies erleichtert ihm, bestimmte Erfahrungen in der für ihn richtigen Weise einzuordnen und zu integrieren.

Lasse dem Klienten daher genügend Zeit, ins Tagesbewußtsein zurückzukehren.

In der Regel dauert eine Behandlung am Kopf zwanzig bis dreißig Minuten, aber sie kann auch kürzer sein, je nach den Bedürfnissen des Patienten.

Die Behandlung der Handlinien

Genau wie bei den anderen Linien, geschieht die Berührung aus der inneren Stille heraus.

Dabei wird die Linie der Hand mit kleinen Kreisen sanft massiert. Zunächst rechts, dann links, beginnend am Handgelenk.

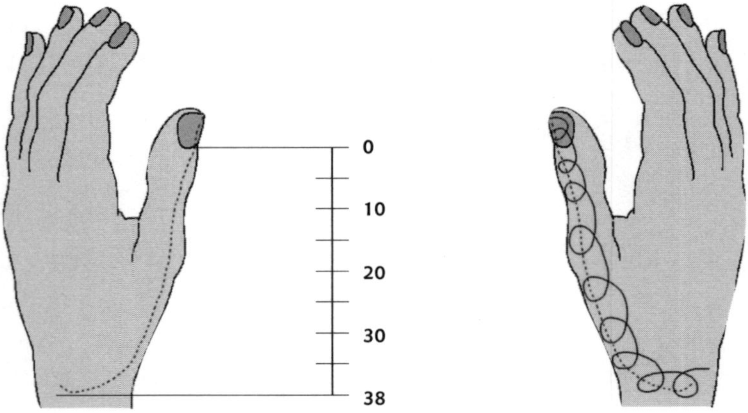

Mitunter nehme ich hier einen Pomander von Aura Soma mit hinzu, weil er die Behandlung feinstofflich unterstützt. Die Auswahl des Pomanders überlasse ich dem Klienten selbst. Auch die Behandlung der Handlinien wirkt sehr entspannend und lösend. Sie dauert meist nur zehn bis fünfzehn Minuten.

Man kann die Behandlung der Kopf- und Handlinien ab und zu alternativ zu der der Fußlinien durchführen oder sie mit den Fußlinien kombinieren. Die jeweilige Vorgehensweise überlasse deiner Intuition.

Für wen ist die Metamorphose geeignet?

Die Metamorphose ist grundsätzlich für jeden geeignet, der die Prägungen seiner pränatalen Zeit und die damit verbundenen negativen Lebensmuster harmonisieren möchte. Man kann sie an Kindern, Erwachsenen und auch bei älteren Menschen durchführen.

Für werdende Mütter ist sie sehr gut, um Prägungen bezüglich Schwangerschaft und Geburt zu harmonisieren. Damit kann die werdende Mutter die Zeit der Schwangerschaft befreit von den negativen Lebensmustern ihrer Ahnen angehen bzw. deren Einfluß zumindest neutralisieren. Die Schwangerschaft kann jetzt aus ihren eigenen Werten und neuen Erfahrungen heraus gestaltet werden.

Bei älteren Menschen gilt es zu beachten, die Punkte 1 und 2 der Fußlinien nicht zu behandeln, weil sie nicht mehr in der Lage sind, alle Lebensmuster aufzulösen. Ihr System hat sich bereits sehr verfestigt, und die Auflösung von Lebensmustern benötigt mehr Zeit als bei Kindern, deren System noch ganz weich und fließend ist.

Ich hatte in meinen Kursen allerdings schon öfter Teilnehmerinnen in sehr fortgeschrittenem Alter, bei denen sich noch sehr viel an alten Kindheitserinnerungen aus dem System verabschieden wollte. Mitunter waren die Geschichten, die sie dazu erzählten, wirklich bewegend. Auch für behinderte Menschen ist diese Methode eine sehr wertvolle Arbeit.

Wer behandelt wen?

Grundsätzlich ist zu sagen, daß jeder als Behandler geeignet ist, der es versteht, sich als Kanal zur Verfügung zu stellen. Eine Selbstbehandlung kann zwar ebenfalls schön sein, doch zur Auflösung von Mustern bedarf es einer anderen Person. Wichtig ist, daß der Behandler als neutraler Katalysator für Lichtenergie dient.

Es können auch Mütter ihre Kinder behandeln, sofern die Kinder dies zulassen. Sind kleine Kinder nicht bereit, sich behandeln zu lassen, so ziehen sie einfach ihre Füße weg, ebenso, wenn die Behandlung für sie beendet ist. Dies muß respektiert werden, denn die Kinder, so klein sie auch sein mögen, wissen ganz genau, was und wann etwas für sie gut ist und was nicht.

Es kann auch innerhalb der Familien behandelt werden, jedoch empfehle ich in diesem Fall, ab und zu eine Person von außerhalb hinzuzunehmen, da diese Muster ja gerade innerhalb der Familien weitergegeben werden.

Das Energiesystem von Kindern ist noch sehr viel fließender als das von Erwachsenen, und durch Behandlungen in frühem Kindesalter kann bewirkt werden, daß sich Muster gar nicht erst ausbilden, d. h., die Muster können bereits gelöst werden, bevor sie sich, noch im Entstehen, überhaupt verfestigen und an den Füßen körperlich sowie seelisch-geistig ausbilden.

Die Behandlungsrichtung

Die Richtung, in der wir behandeln, beginnt an der Ferse mit dem Geburtspunkt, Punkt 1, und endet am großen Zeh, Punkt 8. Es ist, als streiche man einen Körper von unten nach oben hin aus. Probiere es einmal aus. Es wirkt sehr anregend, im Gegensatz zu der anderen Richtung. Beginnt man oben am »Kopf« und streicht dann nach unten zur Ferse hin, wirkt das beruhigend. Wir wählen für die Behandlung die aufstrebende Richtung, weil sie den bewußtseinserweiternden Aspekt verkörpert.

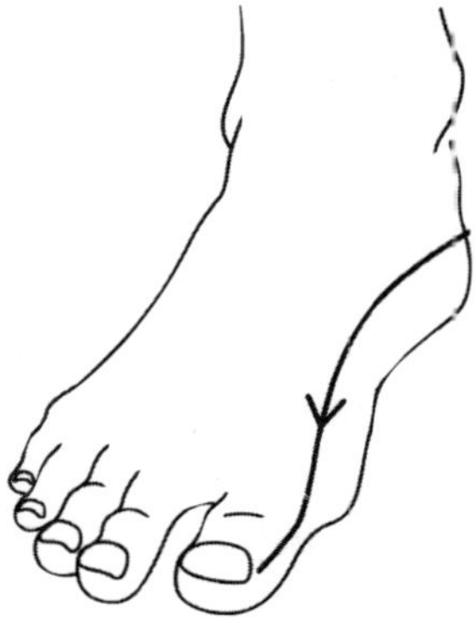

Diese Behandlungsrichtung bewirkt eine sanfte Öffnung zum Bewußtsein hin. Vergleichen wir es einmal mit einem Baum, der seine Wurzeln tief in der Erde hat und seine Äste zur Sonne hin ausrichtet. Neue Informationen aus den höheren Schichten der Seele gelangen so leichter in das System des Menschen, unbewußte Teile werden bewußt. In Ausnahmefällen kann man auch die andere Richtung wählen und so den beruhigenden Aspekt, beispielsweise wenn ein Klient mit sehr starken Ängsten belastet und sehr aufgewühlt ist. Auch bei akuten Notfällen kann man diesen beruhigenden Aspekt einsetzen, indem man die Linie vom großen Zeh hin zur Ferse zurück streicht, ebenso bei Schlafstörungen oder nach der Metamorphose-Behandlung am Abend, damit der Klient trotzdem zu seiner gewohnten Bettruhe findet. Ansonsten geht es bei der Metamorphose aber um den bewußtseinserweiternden Aspekt.

Wie oft und wie lange wird behandelt?

Im allgemeinen gilt, daß eine Behandlung in der Woche genügt. Mehr als eine Behandlung würde zu viel Bewegung in das System eines Menschen bringen und die Prozesse der Umorientierung nur unnötig durcheinanderbringen. Der Klient könnte verwirrt sein, weil zu viele Informationen sein Gleichgewicht stören. Es gibt zwar Ausnahmefälle, aber in der Regel empfehle ich eine Behandlung pro Woche.

Bei Kindern liegt der Fall etwas anders, weil ihr System viel schneller schwingt. Daher kann man Kinder, wenn sie es zulassen, auch öfter behandeln. Die Praxis hat außerdem gezeigt, daß die Behandlungsdauer bei Kindern meist sowieso kürzer ausfällt, weil sie gar nicht solange stillhalten können.

Die Behandlungsdauer beträgt beim Erwachsenen pro Fuß jeweils 15 bis 25 Minuten. Zu beachten ist, daß immer beide Füße behandelt werden. Dies ist wichtig, weil der Mensch ansonsten ins Ungleichgewicht käme. Unsere zwei Füße sind unsere Säulen, auf denen unser Körper ruht, und sie müssen immer beide behandelt werden.

Belastete Punkte und ihre äußerlichen Kennzeichen

Ganz allgemein läßt sich sagen, daß auffällige Stellen an der Innenseite des Fußes auf Arbeitspunkte in den verschiedenen Stadien der pränatalen Phase schließen lassen. Diese sind zu erkennen durch gerötete Stellen, hervorstehende Knochenenden oder Auswüchse, ferner durch dicke Hornhaut oder sogar entzündete Stellen.

Entzündungen weisen auf Konflikte und aufgewühlte Gefühle im jeweiligen Bereich hin.

Hervorstehende Knochenverdickungen zeigen an, daß hier Energie gestaut ist und sich verfestigt hat. Hornhaut ganz allgemein bedeutet z. B., daß unter bestimmten Stellen eine Verletzung verborgen liegt. Das System des Menschen hat an dieser

Stelle einen Schutzwall errichtet, um die dazugehörenden Gefühle nicht mehr fühlen zu müssen.

Auch deformierte oder eingewachsene Großzehennägel zählen zu diesem Bereich. Ich habe sie in Kapitel 7 in Verbindung mit dem jeweiligen Punkt ausführlich beschrieben.

Darüber hinaus gibt es noch folgende, besondere Auffälligkeiten:

Das Prinzip »Vater« läßt sich durch dicke Hornhaut am 5. Punkt erkennen.

Das Prinzip »Mutter« geht einher mit teilweise dicker Hornhaut an der Unterseite der Ferse.

Die Form der Füße haben ebenfalls etwas auszusagen. So bedeutet ein hoher Spann, daß sich die betreffende Person von der Erde wegzieht und am liebsten nichts mit dieser Ebene zu tun haben würde. Ein Plattfuß hingegen zeigt an, daß der Betreffende auf eine Art aufgegeben hat. »Hier bin ich nun mal eben«, und er ergibt sich mit einer etwas depressiven Haltung den äußeren Umständen.

Beide Ausbildungen des Fußgewölbes weisen auf einen Arbeitspunkt im Bereich »Mitte der Schwangerschaft« hin. Dieser Punkt ist unter anderem für die Ausbildung der persönlichen Kraft und des Selbstwertgefühls und dem »Ich in der Welt« zuständig.

Entsprechungen linker Fuß – rechter Fuß

Die beiden Füße stehen bei der Metamorphose für verschiedene Prinzipien.

Der rechte Fuß, vom Klienten aus betrachtet, geht mit den aktuellen Mustern einher, er zeigt den Stand unserer derzeitigen Entwicklung an.

Der linke Fuß steht für den Lebensplan und das Potential der Entwicklungs- und Weiterentwicklungsmöglichkeiten.

Aus diesem Grund ist es nicht selten der Fall, daß der linke und rechte Fuß eines Menschen sehr unterschiedlich sind, und jeder für sich eine ganz andere Geschichte erzählt. Als Regel gilt hier, zuerst mit dem vom Klienten aus betrachtet rechten Fuß mit der Behandlung zu beginnen. Danach wird der linke Fuß behandelt.

Die Arbeit mit Behinderten

Auch bei Behinderten, geistig ebenso wie körperlich Behinderten bietet sich die Arbeit mit der Metamorphose an und kann sehr hilfreich sein. Ich selbst habe bereits des öfteren mit Behinderten gearbeitet, und meine Erfahrung ist, daß die Behinderten selbst sehr positiv auf die Behandlungen reagierten. Sogar ein autistischer Jugendlicher, der sonst sehr reserviert auf seine Mitmenschen reagiert, öffnete sich mir gegenüber nach der Behandlung. Er sprach ganz frei mit mir, so als habe er seine Behinderung vergessen. Auch im Nachhinein bewirkten die Behandlungen eine Lockerung seiner Symptome, und er war für seine Umwelt zugänglicher. Freilich bedarf es einer ganzen Reihe von Behandlungen, um eventuell vorliegende pränatale Einwirkungen zu lösen. Im Ergebnis kann die Behinderung zwar wahrscheinlich nicht ganz aus der Welt geschafft werden, aber es kann eine Harmonisierung eintreten und die weitere Entwicklung des Behinderten positiv beeinflußt werden.

Einmal behandelte ich einen ganz kleinen mongoloiden Jungen, der erst knapp ein Jahr alt war. Er reagierte sehr stark auf die Stellen, an denen normalerweise die Kopfpunkte angelegt sind, bei ihm im eigentlichen Sinne nicht vorhanden, so als ob er sich an etwas erinnerte oder etwas in ihm wieder aufwachte. Er war später nicht so stark behindert wie andere mongoloide Kinder. Dadurch konnte er eine Gesamtschule besuchen, in der Behinderte zusammen mit Nichtbehinderten unterrichtet werden.

Tatsächlich ist es so, daß es auch Fälle gibt, bei denen die Mutter während der Schwangerschaft etwa einen Unfall hatte oder daß sich ein anderes schweres Trauma ereignete und die Entwicklung des Kindes im Mutterleib, durch diese äußere Einwirkung auf die Mutter, von da ab nicht mehr normal verlief, die Behinderung also daher rührt.

Nicht alle Behinderungen sind erblich bedingt, sondern sie entstehen auf Grund von schweren, die Entwicklung des Kindes störenden äußeren Einflüssen in der pränatalen Zeit.

Metamorphose als Lichtarbeit

Lichtarbeit – Was ist das?

Lichtarbeit ist eine Energiearbeit, bei der mit dem kosmischen Licht gearbeitet wird. Hierfür will ich etwas ausholen, um die Hintergründe zu erklären. Die Wurzeln dieser Art von Bewußtseinsarbeit sind bei den alten Ägyptern zu finden. Sie betrieben bereits »Lichtarbeit«. Sie waren eine bewußtseinsmäßig sehr hoch entwickelte Kultur. Sie betrieben Lichtarbeit an den Füßen, um alte, überholte Strukturen und Lebensmuster ins Bewußtsein zu holen und umzuwandeln. Sie beteten die Sonne an und nützten ihre Lichtenergie und Kraft für ihre Arbeit.

Wie auf der Abbildung zu sehen ist, war die Form ihrer Kopfbedeckung so gestaltet, daß der größtmögliche Lichteinfall gewährleistet war. Diese Hüte waren nach oben offen, damit das Sonnenlicht sie erreichen konnte. So konnte die Energie der Sonne eingefangen und gebündelt werden. Durch ihr Scheitelchakra hindurch leiteten sie diese Sonnen- bzw. Lichtenergie mit ihrer damit verbundenen Information durch ihre Körper hindurch, um sie schließlich über ihre Hände an bestimmte Stellen am Fuß oder an andere Stellen des Körpers einer anderen Person zu übermitteln. So brachten sie die Information der Sonne dazu, blockierte Stellen in Körper und Energiesystem des Menschen aufzulockern, zu lösen und zu harmonisieren. Sie betrieben Lichtarbeit, und sie bedienten sich dieser Methode, um zu heilen und ihr Bewußtsein zu erweitern.

Was geschieht bei der Behandlung?

Das Prinzip der Lichtarbeit, wie es die alten Ägypter betrieben, ist bis heute das Grundprinzip dieser Bewußtseinsarbeit. In den langen Jahren meiner Tätigkeit mit der Metamorphose leitete ich die Behandlung stets damit ein, mich als Kanal für die kosmische Lichtenergie zur Verfügung zu stellen. Dabei fließt durch mein Scheitelchakra die Lichtenergie vom Kosmos in mich ein und über meine Hände an bestimmte Stellen, die ich durch meine Berührung bestimme. Bei der Metamorphose-Behandlung berühre ich die verschiedenen Punkte der pränatalen Linie, wie in Kapitel 4 bereits ausführlich beschrieben.

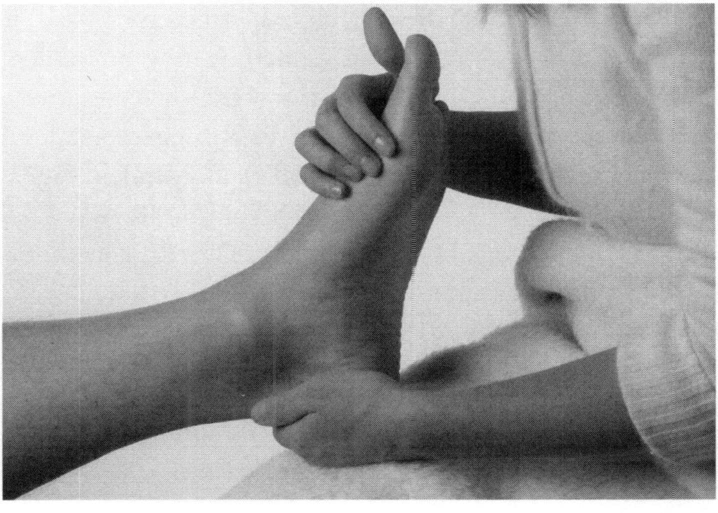

Das System eines Menschen ohne Blockaden ist hell und strahlt ein durchlässiges Licht aus, das pulsiert. Bei Blockaden im Körper eines Menschen sind bestimmte Stellen mit negativen Erfahrungen und Gefühlen verstopft. Diese Stellen sind eher dunkel, und die körpereigene Energie kann nicht mehr fließen.

Durch Lichteinwirkung an den Füßen, die mit meiner Berührung einhergeht, beginnt die Kraft des Lichts die festgefahrenen oder erstarrten Stellen, in denen Erfahrungen gespeichert sind, aufzulockern. Es entsteht ein Energiefluß an Stellen, die blockiert und festgefahren waren. Die Blockade löst sich, und Bilder oder Gefühle kommen ins Bewußtsein. Sie gelangen jetzt aus dem Unterbewußtsein ins Bewußtsein und wandern aus dem System.

Dies kann während der Behandlung geschehen, und der Klient fühlt vielleicht die verdrängten Gefühle von damals. Es entsteht einfach so eine Ahnung: »Die Mutter war überlastet«, der Embryo fühlt die Überlastung der Mutter, als wäre es seine eigene. Plötzlich wird klar, warum den Klienten dieses Gefühl immer wieder überfällt, auch wenn die äußeren Umstände in der Gegenwart gar nicht so streßbeladen sind, um diese Gefühle auszulösen.

Es ist möglich, daß sich diese Erinnerungen während der Behandlung lösen, und der Klient weint vielleicht oder spürt die Angst. Oft steigen die blockierenden Erfahrungen aus der Vergangenheit auch in Träumen in den darauffolgenden Tagen ins Bewußtsein, oder der Klient ist einfach ein paar Tage etwas verwirrt, ohne daß er sagen könnte, warum. Dies ist jedoch nur ein vorübergehender Zustand, und nach einer Woche stellt sich das befreiende Ergebnis der Behandlung ein. Der Klient erlebt dies als Verwirrtsein oder Unkonzentriertheit, weil sich seine Zellstrukturen neu ordnen und in Richtung gesunder, fließender Bewegung umwandeln.

Ist die Transformation des betreffenden Themas abgeschlossen, tritt an die Stelle von blockierter, schwerer Energie ein Fließen. Leichtigkeit und die positiven Eigenschaften des jeweiligen Bereichs entfalten sich. Es entsteht Klarheit und ein harmonisches Lebensgefühl, das sich je nach Bereich in Freude, Liebe, Kraft oder auch Erdung und Zentriertheit ausdrücken kann. Nach und nach lösen sich die negativen Einflüsse der pränatalen Zeit aus dem System, ein Umwandlungsprozeß geht vor sich. Der Klient fühlt sich durch diese Prozesse am Ende erleichtert und geläutert von den Spuren seiner Vergangenheit.

Negative Lebensmuster mit ihrem eingeschränkten Handlungsrahmen, negative Programme, bei denen er sich nicht wirklich frei entscheiden kann, wie er auf die oder jene Lebenssituation antworten will, weichen einer größeren Handlungsfreiheit. Jetzt ist es dem Klienten möglich, ganz andere, neue, bisher nicht gekannte Erfahrungen zu machen.

Beispiel

Durch pränatale Einflüsse so programmiert, erfährt ein Mensch oft Ablehnung und das Gefühl, von seinen Mitmenschen nicht angenommen oder geliebt zu werden. Löst sich die Blockade in diesem Bereich, öffnet sich sein Herz, und er findet plötzlich Menschen, die ihn lieben und annehmen, wie er ist. Sein Herz kann sich jetzt für die Liebe öffnen und die Freude, die damit verbunden ist, erleben. Eine wunderbare Erfahrung, die ihm vorher durch seine blockierenden Muster nicht möglich war. Die Wirkungsweise der Metamorphose kann der folgende Kernsatz daher am treffendsten beschreiben:

Ich entbinde dich von den Belastungen von Raum und Zeit. Dies ist das besondere Geschenk der Metamorphose.

Die innere Haltung des Behandlers

Die innere Haltung des Behandlers sollte stets die der Neutralität und Wertfreiheit sein. Um Blockaden und belastete Stellen am Fuß zu lösen, bedarf es einer anderen Person, die sich als Katalysator für Lichtenergie zur Verfügung stellt. Der Klient selbst ist in seinem Energiesystem auf eine Art gefangen, und eine Eigenbehandlung kann zwar auch mal ganz gut tun, aber um Muster und Energien zu lösen, bedarf es einer Person, die bereit ist, gewissermaßen als Kanal zu dienen. Dabei ist vor allem wichtig, daß neutrale Lichtenergie an die Punkte der pränatalen Linie kommt und der Klient so eine klare, unbelastete Lichtinformation erhält.

Durch diese Lichtinformation erhalten belastete Stellen neue Impulse, und die gespeicherten meist negativen Erfahrungen können in Bewegung kommen, sich lösen und allmählich aus dem System herauswandern, sich verabschieden. An Stelle von negativer Ladung tritt jetzt klare, neue Lebensenergie, die pulsiert und lebendig ist. Aus diesem Grund ist es so immens wichtig, daß die innere Haltung des Behandlers neutral und unvoreingenommen ist. Man könnte es folgendermaßen beschreiben:

Die Berührung sollte AUS DER STILLE kommen.

So ist in meinen Kursen über Metamorphose die Meditation immer ein wichtiger Bestandteil. Die Teilnehmer lernen, wie man »sich leer macht« und die Partner aus der Stille heraus berührt. Der Behandler sollte seine »reine Präsenz« oder – anders ausgedrückt

– sein »gelassenes Hiersein« anbieten, frei von belastenden Gedanken, und seien sie auch noch so gut gemeint. Das bedeutet, der Behandler sollte keinerlei Gedanken oder Pläne haben, was sich bei seinem Klienten ereignen sollte.

Dem Klienten reine Präsenz und Meditation anzubieten, ist das größte Geschenk, das man ihm überhaupt machen kann.

Die Berührung aus der Stille wertet das Vorgefundene in keiner Weise und überläßt die transformatorische Arbeit absolut der Lebenskraft des Klienten. Sie allein entscheidet, wie und an welcher Stelle sich der Fluß der Lebenskraft zu bewegen beginnt und was beim Klienten als nächstes passieren soll. Der Behandler hat ohne Wertung und Pläne ganz einfach da zu sein, als Katalysator für Lichtenergie, und diese gelassen und freudig durch seinen Lichtkanal und über seine Hände zum Klienten fließen zu lassen. Jede Art von Ideen, was sich beim Klienten ereignen sollte, wäre bereits zuviel des Guten. Deshalb wäre mein Vorschlag, es den Kindern gleichzutun und in völliger Unschuld und ohne eigene Gedanken dem Klienten als Kanal für Lichtenergie zur Verfügung zu stehen.

Am besten wäre es, dieses Buch mit all seinen fundierten Hintergründen zu lesen, zu lernen wie diese Art von Massage durchgeführt wird und dann wieder zurückzukehren zu der eigenen inneren Stille. Was für eine gute Metamorphose-Behandlung tatsächlich erforderlich ist, ist eine unbelastete Berührung aus der Neutralität heraus.

Dies hört sich einfacher an, als es ist, weil dieser gedankenlose Zustand erreicht und gelernt sein will, aber es ist zu meistern. So ist dieses Hineinführen in die Meditation stets ein wichtiger Bestandteil in allen meinen Kursen, weil die Qualität der Metamorphose-Behandlung in wesentlichem Maße von dieser inneren Haltung des Behandlers abhängt.

Es hat sich mitunter auch als hilfreich erwiesen, die Kurse mit Tanz und anderen Lockerungsübungen zu beginnen, weil die Spannungen des Alltagslebens zunächst verabschiedet werden müssen, damit der Raum für Stille und Meditation überhaupt entstehen kann.

Ich empfehle hier außerdem diese kleine Einstimmung zur Behandlung:

Der Behandler sollte sich zunächst mit einer kleinen Übung erden und seine Wurzeln in der Erde bewußt wahrnehmen, indem er sich vorstellt, daß ihm tiefe Wurzeln hin bis zum Erdmittelpunkt wachsen. Als nächstes nimmt der Behandler Kontakt zum Kosmos auf, dies kann dadurch unterstützt werden, daß er die Hände nach oben bringt, um seine Verbindung zum Himmel zu fühlen. Ich empfehle hier, sich vorzustellen, als Persönlichkeit mit den eigenen Schwächen und Vorlieben zur Seite zu treten und zu fühlen, wie man sich jetzt als Kanal für kosmische Lichtenergie zur Verfügung stellt.

Meditation zur Einstimmung auf den Lichtkanal

Setze dich bequem mit gerader Wirbelsäule.

Erlaube dir, mit einigen tiefen Atemzügen hier und jetzt in deinem Körper anzukommen.

Spüre das untere Ende deiner Wirbelsäule und wirf ein Energieseil mit der Farbe deiner Wahl bis hin zum Erdmittelpunkt.

Nimm dir etwas Zeit, deine Verbindung zur Erde zu spüren.

Gehe nun mit deiner Aufmerksamkeit ganz bis nach oben auf dein Schädeldach und stelle dir vor, wie sich hier eine Öffnung auftut, nach oben zum Himmel, zum Ursprung des Lichts.

Wenn du diese Verbindung gut spüren kannst, so stelle dir vor, wie wunderbares goldenes, kosmisches Licht über deinen Scheitel in deinen Körper einfließt und entlang der Wirbelsäule deinen ganzen Körper hinunter bis zum Steißbein wandert. Über die Erdenschnur verläßt dieses Licht deinen Körper wieder.

So entsteht ein ständiger Fluß von goldenem Licht, der dich selbst nährt und erhellt. Dieses Licht fließt nun über deine Schultern und Arme in deine Hände.

Jetzt kannst du mit deinen Händen und deiner Berührung dieses Licht übertragen. Du bist jetzt Kanal für das Licht, das fortwährend von oben nachfließt.

Du selbst kannst dich von dieser wunderbaren Energie des goldenen Lichts durchströmen lassen und dies genießen.

Dann kann die Behandlung beginnen.

Für mich persönlich ist das besonders Schöne an dieser Methode: Nicht ich als Behandler tue etwas, sondern die Lebenskraft des Klienten tut das »eigentliche Werk«. Es ist wichtig, sich bewußt zu sein, daß nicht wir als Behandler den Harmonisierungsprozeß bestimmen oder in die Wege leiten. Der wirkliche Heiler ist die Lebenskraft selbst, jene Kraft, die die Prozesse der Um- und Neuorientierung vorantreibt. Der Behandler dient, wie bereits erwähnt, allein als Kanal für die Informationen des Lichts. Die Lebenskraft und die Selbstheilungskräfte des Klienten entscheiden über den weiteren Verlauf des Heilungsprozesses.

Der Heiler ist nicht wirklich der Heiler, denn er ist nicht der Handelnde. Heilung geschieht durch ihn; er muß nur sich selbst beiseite lassen. Heiler zu sein bedeutet im Grunde, nicht zu sein. Je weniger du bist, um so besser kann die Heilung geschehen. Je mehr du bist, um so mehr ist der Kanal blockiert. Gott, oder die Totalität, oder wie immer man es nennen mag, ist der Heiler. Das Ganze ist der Heiler ... Der Handelnde ist Gott, ist das Ganze.

Osho

Himmlische Helfer

In den Jahren, in denen sich meine Erfahrungen mit der Metamorphose vertieften, machte ich eine für mich damals neuartige und bewegende Entdeckung. Ich begann wahrzunehmen, daß sich bei meinen Behandlungen noch andere Wesen im Raum befanden, die bei den Behandlungen mitwirkten. Ich hatte bereits Erfahrungen mit Engeln gemacht und hatte inzwischen eine innige Verbindung mit ihnen aufgebaut.

Dies geschah, als ich in meiner persönlichen Entwicklung plötzlich damit konfrontiert war, daß sich sehr viel Angst, die über eine lange Zeit in meinem Energiesystem gespeichert war, ihren Weg in die Bewußtheit suchte und aus meinem System entlassen werden wollte. In diesen Momenten spürte ich sehr viel Angst, und ich begann die Engel zu meiner Unterstützung zu rufen. Sie kamen, und ich spürte ihre Anwesenheit. Sie halfen mir mit ihrer Liebe und Klarheit, diese schwierige Zeit in meinem Leben zu meistern.

Nach meiner anfänglichen Angst vor dieser Ebene wurden mir diese Lichtwesen sehr vertraut, und es hat sich ein inniger Kontakt entwickelt zu diesen unsichtbaren Helfern. So habe ich mich damals sehr über ihre Anwesenheit, auch während meiner Behandlungen, gefreut.

Ich bemerkte, wenn ich irgendwo am Körper die Hände auflegte, was ich bisweilen aus meiner Intuition heraus tat, daß Lichtwesen und Engel an den Füßen arbeiteten oder an anderen Stellen des Körpers und damit die Behandlung unterstützten. Ich nehme diese liebevollen Helfer als sehr durchlässig wahr, wie aus Watte, und sie strahlen ein eigenartiges Licht und eine große Sanftheit aus.

Für mich war die Wahrnehmung der Lichtwesen und Engel während der Behandlungen sehr beruhigend. So wußte ich, daß ich auf dem richtigen Weg war, und ich fühlte mich durch ihre Unterstützung erleichtert. Seit dieser Zeit rufe ich diese unsichtbaren Helfer vor jeder Behandlung herbei und bitte sie, mich und meinen Klienten zu unterstützen.

Manchmal nehme ich auch wahr, daß sich ein Engel am Kopf des Klienten befindet, während ich an den Füßen arbeite. Ihr Einfluß ist stets liebevoll, und sie haben sicherlich zu Ebenen Zugang, die so feinstofflich sind, daß ich sie nicht wahrnehmen kann. Ich bin überzeugt, daß ihr Einfluß, gerade weil er so feinstofflich ist, stets überaus wertvoll und heilend ist, und ich möchte mich an dieser Stelle nochmals für ihre Unterstützung bedanken. Manchmal fühlte ich auch, daß sie sich meiner Hände bedienten und gewissermaßen durch mich hindurch an meinem Klienten arbeiteten.

Beispiel

Eine Klientin von mir klagte nach der Geburt ihres dritten Kindes, das durch Kaiserschnitt zur Welt kam, darüber, daß sie sich seither seltsam energielos fühle. Zufällig war eine gute Freundin bei mir zu Besuch, die hellsichtig ist und dieses Gespräch mitbekam. Später sagte sie mir, daß sie bei meiner Klientin im Bauchchakra einen Riß sehe.

Mit dieser Information im Hintergrund legte ich meiner Klientin bei der nächsten Behandlung die Hände auf. Meine innere Führung sagte mir, daß ich die Hände einfach so dort lassen sollte. Dies dauerte etwa eineinhalb Stunden, und ich nahm während dieser gesamten Zeit wahr, daß die Engel, durch meine Hände hindurch, den Riß am Bauchchakra meiner Klientin zunähten. Es hat lange gedauert, aber schließlich war er geschlossen.

Als ich meine Klientin das nächste Mal sah, berichtete sie mir, daß sie wieder energiegeladen sei wie eh und je. Sie hatte durch den Riß am Bauch, entstanden durch den Kaiserschnitt, ständig Lebensenergie verloren.

Die innere Führung bei der Behandlung

An dieser Stelle möchte ich noch eine wichtige Institution vorstellen, die bei meinen Behandlungen in Erscheinung trat. Dies war meine *innere Stimme* oder *Führung*.

Nachdem ich bereits geraume Zeit Metamorphose-Behandlungen durchführte, meldete sich bei meinen Behandlungen meine innere Stimme zu Wort. Sie schlug mir vor, zusätzlich zu der Metamorphose, am Körper mal hier und mal da die Hand aufzulegen und mit farbigem Licht zu arbeiten. So begann ich, verschiedene Stellen am Körper, die mit bestimmten Stellen am Fuß übereinstimmten, mit meinen Händen zu bestrahlen und dabei farbiges Licht an bestimmte Stellen des Körpers zu bringen.

Mit der Zeit verfeinerte sich meine Wahrnehmung diesbezüglich immer mehr, und es eröffnete sich mir ein ganz neuer Bereich in meiner Arbeit mit dem Licht. Es stellte sich heraus, daß ich verschiedenfarbige Strahlen von Licht zur Verfügung hatte, um sie in meinen Behandlungen zusätzlich zur Metamorphose einzusetzen.

Heute bin ich dankbar, daß ich damals den Vorschlägen meiner inneren Stimme gefolgt bin.

Ich möchte ihn heute nicht mehr missen, den Einsatz der Farben in den Behandlungen. Diese stellen jedoch einen Zusatzbereich bei der Behandlung dar, der für die Wirkungsweise der Metamorphose nicht entscheidend ist.

Die Metamorphose ist ein in sich abgeschlossenes System, das man aber durchaus mit anderen ähnlich gelagerten Arten von Energie- und Lichtarbeit kombinieren kann. Sollte sich bei einer Metamorphose-Behandlung deine innere Stimme ebenfalls zu Wort melden und dir beispielsweise vorschlagen, länger oder kürzer an einem der Punkte zu bleiben, so bitte ich dich, darauf zu hören.

Unsere eigene innere Instanz verfügt, wenn ihr Raum gegeben wird, über differenziertes Wissen, das rational oft schwerlich nachvollziehbar ist und daher auch nicht immer erklärbar sein muß.

Die Stadien der seelisch-geistigen Entwicklung im zeitlichen Ablauf der Schwangerschaft

Die seelisch-geistige Entwicklung des Kindes kann an den einzelnen Punkten auf der pränatalen Linie, wie in Kapitel 3 bereits aufgezeigt, abgelesen werden.

Um die zeitliche Entwicklung im Mutterleib eindrücklicher darstellen zu können, werden nun die verschiedenen Stadien beschrieben – an Punkt 8 auf der pränatalen Linie beginnend bis hin zu Punkt 1, der Geburt. Diese Reihenfolge entspricht dem zeitlichen Ablauf dieser Entwicklung, und damit sind die, sich auseinander ergebenden, Phasen für den Leser besser nachvollziehbar.

Wichtig ist hier, daß für die Entwicklung des Kindes der früheste Punkt einer Störung in der pränatalen Zeit entscheidend ist, weil diese Störung den gesamten Verlauf seiner weiteren Entwicklung beeinflußt. So wirkt sich zum Beispiel eine Störung in der Phase der Empfängnis, 5. Punkt, auf die ganze pränatale Entwicklung des Kindes aus.

Oft ist es so, daß schon während der Zeit der Inkarnation die Seele bereits so stark mit all ihren Widerständen und Weigerungen, hier in diese dichte Materie einzugehen und quasi den Himmel zu verlassen, konfrontiert wird, daß die Seele am liebsten wieder umkehren und den Entschluß, hier auf Erden zu inkarnieren, wieder rückgängig machen würde. Diese Tatsache beeinflußt die weitere Entwicklung im Mutterleib. Den größten Einfluß hat der früheste Punkt einer Störung in der pränatalen Zeit, und daraus resultiert dann der Verlauf aller anderen Entwicklungsstadien. In diesem Fall weigert die Seele sich, ihre Existenz hier auf Erden ganz zu bejahen.

Wahrscheinlich hat sie darum eine Mutter ausgewählt, die diese Widerstände spiegelt, oder die Umstände in der Schwangerschaft waren schwierig. Diese Tatsache beeinflußt den Verlauf der weiteren Stadien der Schwangerschaft. So ist es wahrscheinlich, daß auch der Bereich der persönlichen Kraft Defizite aufweist und daß der Betreffende zu seinem Körper ein eher abweisendes Verhältnis hat, denn er will diesen ja gar nicht wirklich bewohnen. Vor allem die Funktionen und Organe der Gegend von Hals und Kopf sind hierbei betroffen.

Sollte der Erwachsene später deshalb beispielsweise mit seinem Gehörsinn Schwierigkeiten haben, so würde mich dies nicht wundern, weil es auf der körperlichen Ebene seine damalige geistige Weigerung, einen Körper anzunehmen, widerspiegelt. So gehört der Gehörsinn in den Bereich, der in der pränatalen Entwicklung seine Entsprechung in der Phase der Inkarnation hat.

Dieser Erwachsene wird in seinem Leben sicherlich mit allen Arten von Widerständen zu tun haben; er hat sich hier auf Erden einiges anders vorgestellt. Der mangelnde Gehörsinn läßt darauf schließen, daß er einfach manches im Leben nicht hören bzw. nicht zur Kenntnis nehmen will. Das könnte zur Folge haben, daß er sich den Weisungen seiner höheren Seelenanteile verschließt und daher nur von der Ebene der Persönlichkeit aus sein Leben lebt und gestaltet. Vielleicht wird das Leben dadurch unnötig schwierig, weil die Instanz der Seele mit ihren höheren Einsichten nicht oder nur teilweise gehört werden kann.

Die Arbeit mit der Metamorphose könnte in so einem Fall die am weitesten zurückliegende Störung der pränatalen Zeit ins

Bewußtsein holen. Die aus dieser Entwicklungsperiode stammenden Strukturen und Glaubensmuster könnten so gelöst werden. Es ist durchaus möglich, daß sich dadurch die Schwäche des Gehörsinns allmählich ganz auflöst. So hat der Betreffende jetzt die Möglichkeit, sich mehr in Richtung Hingabe zu bewegen und könnte die Weisungen seiner höheren Seelenanteile in sein Leben mit einbeziehen.

Manche Bereiche im Leben dieses Menschen würden sich dadurch sicherlich wesentlich einfacher gestalten, und die damit verbundenen Begleiterscheinungen, wie oben beschrieben, könnten sich durch die Lösung dieser ursächlichen Störung ebenfalls wesentlich harmonisieren.

Die Stadien der seelisch-geistigen Entwicklung im zeitlichen Verlauf der Schwangerschaft

8. bis 6. Punkt – Karma, Schicksal, vergangene Leben

Die drei Kopfpunkte

Hier beginnt die Seele ihre Reise in den Körper, sie entscheidet sich, sich aus dem körperlosen Zustand in die Materie hineinzubewegen und trifft hierfür Vorbereitungen. Sie sucht sich die passenden Umstände und die passenden Eltern, um ihren Seelenplan, den sie auf der höheren Ebene gemacht hat, zu verwirklichen.

Diese drei Kopfpunkte stehen – im Gegensatz zu den anderen Punkten der pränatalen Linie – außerhalb des Zeit-Raum-Gefüges, d. h., in dieser Zeit ist die Seele noch nicht mit der Materie verbunden. Diese Punkte entsprechen daher eher dem zeitlosen Bewußtsein der Seele.

Ich nenne sie mitunter auch die Bewußtseinspunkte, weil sie außerhalb der mit dem Körper verbundenen Lebensmuster liegen. Aus diesem Grund stellen sie eine wichtige Instanz bei der ganzheitlichen Heilung dar. Hier kann die Seele Einsichten gewinnen, die sie zum Erkennen und Auflösen der Lebensmuster benötigt.

Körperliche Entsprechung

Körperlich gesehen entsprechen die drei Kopfpunkte den Kopfdrüsen

- Thalamus – Punkt 1
- Hypothalamus – Punkt 2
- Hypophyse – Punkt 3

Dies sind wichtige Steuerungspunkte im Kopf, und alle Prozesse, die im Körper ablaufen, werden von hier aus gesteuert.

Seelisch-geistige Entsprechung

Die drei Kopfpunkte stehen für das geistige Potential, die geistigen Anteile, die in früheren Leben von der betreffenden Seele schon entwickelt wurden, also für das Bewußtsein.

So ist bei Menschen, die in früheren Leben bereits viel mit Meditation zu tun hatten, der große Zehennagel oft besonders ausgeprägt und lang.

Äußerliches Merkmal

Bei einem Arbeitspunkt in diesem Bereich findet man oft eingewachsene Zehennägel oder Hornhaut.

Entsprechendes Muster
Das Muster würde z. B. lauten: »MEIN GEISTIGES POTENTIAL IST NUR TEILWEISE ODER GAR NICHT ENTWICKELT.«

Heilende Berührung an diesen Punkten wirkt allgemein bei allen Menschen entspannend, beruhigend und bewußtseinserweiternd. Die Seele erinnert sich an ihre höchste Weisheit jenseits aller aktuellen Lebensmuster. Von hier aus gelangen neue Impulse aus der höheren Seelenebene ins Bewußtsein, der Horizont erweitert sich, und man kann Einsichten gewinnen, zu denen man sonst keinen Zugang hat.

Bei geistig Behinderten sind diese Punkte meist gar nicht vorhanden bzw. auf einen einzigen Punkt reduziert und deformiert. Sie sprechen oft stark auf eine Behandlung dieser Punkte an, als ob sie aufwachten und sich an etwas erinnerten.

Umgewandeltes Muster
Der Satz würde dann lauten: »ICH BIN IN KONTAKT MIT MEINEM GEISTIGEN POTENTIAL UND ENTWICKLE ES STÄNDIG WEITER.«

5. Punkt – Punkt der Inkarnation

Empfängnis
Hier tritt die Seele ins Leben, der Same trifft auf die Eizelle, die Seele vereinigt sich mit dem Körper. Der Zeugungspunkt.

Körperliche Entsprechung
Körperlich steht diese Phase für den gesamten Halsbereich und den Übergang zwischen Halswirbelsäule und Schädel. Außerdem

besteht ein Bezug zur Medulla Oblongata, einem der wichtigsten Steuerungsorgane, weil sie für die gesamte Rückenmarkssteuerung zuständig ist.

Seelisch-geistige Entsprechung

Dies ist auch der Punkt der Hingabe an unsere Gegebenheiten hier auf der Erde, an den Entschluß, im Körper und hier auf der Erde mit ihren teils einschränkenden Bedingungen zu sein. Im Gegensatz dazu, ist die Seele auf der Seelenebene körperlos und weniger Beschränkungen ausgesetzt als hier auf Erden und kann sich daher freier fühlen.

Bei einem Arbeitspunkt in diesem Bereich kommt der Mensch bereits bei der Zeugung mit all seiner Weigerung in Kontakt, wirklich hier auf Erden und im Körper zu sein. Zwar war es ja der ureigenste Entschluß der Seele, sich zu inkarnieren, aber jetzt erscheinen ihr die Bedingungen doch zu hart. Sie empfindet Widerstand gegen die Gegebenheiten auf der Erde und würde am liebsten gleich wieder umkehren. Siehe hier auch das Beispiel am Anfang des Kapitels.

Äußerliches Merkmal

Ein Arbeitspunkt in diesem Bereich läßt sich manchmal an dicker Hornhaut an der Unterseite des 5. Punktes erkennen. So entspricht dieser Punkt auch dem Prinzip »Vater«, und Hornhaut in diesem Bereich läßt auf Schwierigkeiten mit diesem Thema schließen.

Entsprechendes Muster

Das Muster steht hier in Verbindung mit Widerstand gegen alle Arten von Autoritäten, gegen Gott und das göttliche Prinzip und alle Regeln unseres Lebens hier auf Erden. Es bedeutet im Leben Kampf gegen alles im allgemeinen. »ICH BIN DAGEGEN« ist hier der Hauptgedanke.

Letzten Endes gilt der Kampf auch der eigenen inneren Führung, der leisen Stimme in uns, die göttlich ist, unsere allwissende Seele repräsentiert und uns führen will. Wird diese nicht gehört, unterliegen wir allzuoft der Führung unserer Persönlichkeit, die meist nur aus ihren Mustern heraus agieren kann. So ist es nicht verwunderlich, daß eine Schwächung des Gehörsinns bis hin zur Schwerhörigkeit eine Folge sein kann. Diese Symptome können dabei durchaus auch bei jüngeren Menschen bereits auftreten.

Umgewandeltes Muster
Im transformierten Zustand bedeutet dies: Hingabe an das Erdenleben, das Akzeptieren übergeordneter Prinzipien, die Öffnung für das Ganze, das Universum.

Der Satz könnte dann lauten: »ICH BIN DAMIT EINVERSTANDEN, HIER ZU SEIN.«

Dieses Ja in diesem Bereich kommt oft in einer besonderen kreativen Begabung bis hin zur Hellhörigkeit zum Vorschein. Man hört die eigene innere Stimme und den Willen des Ganzen und kann diese weitergeben in Wort, Bild, Musik oder einer anderen Aktion, die kreativ ist. So kann man als Mittler dienen, um die Kraft und die Schönheit des Göttlichen hier auf Erden sichtbar zu machen.

4. Punkt – 2. bis 3. Monat, die Mutter erfährt, daß sie schwanger ist

Körperliche Entsprechung

Körperlich korreliert diese Phase mit dem Brustkorb, der Lunge und dem Herzen. Der Körper des Embryos fängt gerade erst an, sich auszubilden. Er hat dementsprechend noch keine getrennte Wahrnehmung von sich als eigenständigem Individuum. Er ist vollständig eins mit seiner Umgebung und mit der Mutter.

Seelisch-geistige Entsprechung

Der Moment, in dem die Mutter von der Schwangerschaft erfährt, ist natürlich von zentraler Bedeutung, weil sie in der heutigen Zeit hier endgültig entscheiden muß, sage ich Ja zu dem Kind oder nicht. Sie kann sich gleich von Anfang an freuen und den kleinen Fötus willkommenheißen, vielleicht hat die Mutter diese Schwangerschaft sogar bereits herbeigesehnt.

Vielleicht gerät sie aber auch in tiefe Ängste, weil sie beispielsweise bereits ein Kind während den ersten Schwangerschaftswochen wieder verloren hat, oder in der Familie ist der Umstand schon häufiger aufgetreten, daß die Mutter ihr Kind nicht halten konnte. Dann wird sie wahrscheinlich mit Ängsten dieser Art belastet sein und diese Ängste auf ihr ungeborenes Kind übertragen.

Es können aber auch Gewissenskonflikte und Entscheidungsprobleme auftreten, weil die Schwangerschaft nicht geplant oder erwünscht war. Sie muß ihr Herz befragen; und nicht nur das, sie muß abwägen, ob sie in der Lage ist, das Kind zu bekommen. Hier können freilich tiefe Zweifel und Ängste auftreten, vor allem, wenn die gesellschaftlichen oder auch finanziellen Umstände schwierig sind oder ihre partnerschaftliche Situation nicht entsprechend ist. Vielleicht steht sie ganz allein da und erwägt sogar eine Abtreibung.

Entsprechendes Muster
All dieses spürt der kleine Embryo, wird von den Ängsten der Mutter tangiert und fühlt sich dann entsprechend den Umständen eben nicht willkommen, nicht angenommen. Er spürt die Panik der Mutter ebenso wie die Mutter selbst.

Das damit verbundene Muster könnte z. B. heißen: »ICH BIN NICHT WILLKOMMEN, NICHT GELIEBT.«

Dies äußert sich später im Leben als Gefühl, nicht wirklich akzeptiert zu sein bei seinen Mitmenschen, und dieses Gefühl wird ihn überallhin begleiten, in Gruppen, bei Arbeitskollegen oder im Freundeskreis. Vielleicht hat dieser Mensch überhaupt Schwierigkeiten, Freunde zu finden, und sucht sich als Partner auch oft Menschen, die ihn ablehnen. Durch diese Prägung seines Emotionalkörpers, abgelehnt zu sein, entwickeln sich folgende Muster: Gewohnt, daß die Menschen in seiner Umgebung ihn ablehnen und er das Schwarze Schaf oder der Außenseiter ist, wird er diese Tatsachen immer wieder selbst herbeiführen, einfach durch das entsprechende Verhalten seinen Mitmenschen und seiner Umwelt gegenüber.

Ein Mensch hingegen, der im Mutterleib bereits wirklich angenommen wurde, wird später im Leben diese Erfahrung ausstrahlen. Er wird andere und sich selbst annehmen und lieben können und dies von seinen Mitmenschen gespiegelt bekommen.

Das Muster in diesem Bereich könnte aber auch lauten: »Ich habe Angst, daß ich nicht hierbleiben kann.« Dementsprechend wäre dieses Kind später im Leben eher mit Ängsten behaftet, die diesen Begleitumstand widerspiegeln. Sie könnten dahingehend Gestalt annehmen, daß der Erwachsene ein eher ängstlicher Mensch ist, weil er in seiner Grundprägung Angst ums Überleben hat.

Vielleicht hat die Mutter mit Sorgen und Ängsten zu kämpfen, oder die Partnerschaft ist eher schwierig, und es kommt des öfteren zu Unstimmigkeiten zwischen den beiden Elternteilen. Vielleicht ist der Vater in einer schlechten Gemütsverfassung, und die Mutter kommt mit seinem wenig einfühlsamen Verhalten nicht zurecht. Es könnte aber auch sein, daß der Vater die Schwangerschaft ablehnt, die Mutter sich aber für das Kind entscheidet.

All diese Schwingungen würden sich dann ebenfalls auf das ungeborene Kind übertragen. Dieses Kind hätte diese Schwingungen dann als vorgeburtliche Prägungen in seinem Energiekörper verankert. Ein Muster ist wie ein Programm, das in der Vergangenheit durch entsprechende Erfahrungen entstanden ist und dann einrastet. Das Unterbewußtsein speichert dieses Erlebnis als: »So ist es, und so muß es sein.«

Dann ist es ein Muster, und ob dieses Programm nun gut oder schlecht ist, spielt hierbei keine Rolle. Es ist jetzt als Automatik gespeichert und wird wieder und wieder abgespielt. So bleibt der Mensch eingeschlossen in seinem Denksystem, sieht dies als unabwendbare Tatsache immer wieder bestätigt und wird Schwierigkeiten haben, später im Leben andere Erfahrungen zu kreieren.

Solche Muster sind lebensfeindliche Programme, und es gibt sie in allen Bereichen des Lebens. Wird solch ein Programm entdeckt und erkannt, ist bereits der erste Schritt getan, die höhere Perspektive wurde bereits eingenommen. Die Metamorphose bietet hier wertvolle Hilfestellung, solche lebensfeindlichen Muster zu entlarven und umzuwandeln.

Äußeres Merkmal

Ein Arbeitspunkt in diesem Bereich ist durch das Vorhandensein eines Halux, eines Überbeins, das unterhalb des Großen Zehs deutlich sichtbar ist, klar zu erkennen.

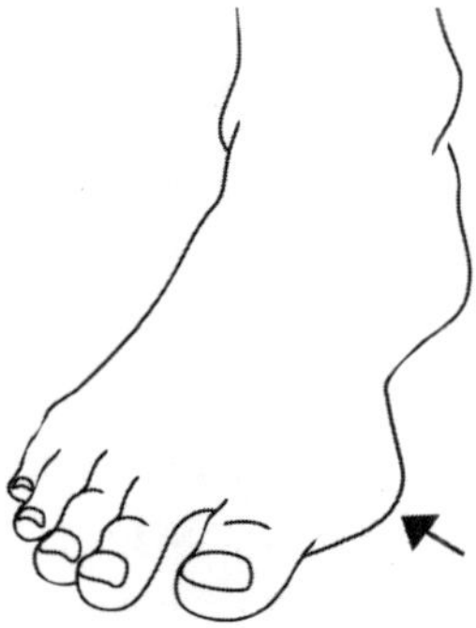

Solch ein Halux ist bei älteren Menschen häufig anzutreffen, als die Möglichkeit eines Schwangerschaftsabbruches noch nicht gegeben war, aber man findet ihn auch bei jüngeren Menschen. Ein Arbeitspunkt in diesem Bereich wird oft auch neben den bereits oben erwähnten Themen von Konzentrations- oder Koordinationsstörungen begleitet. Meist geht dieser Arbeitspunkt auch mit der Schwierigkeit einher, geerdet zu sein und die unteren und oberen Anteile seines Wesens zusammenzubringen. Der Halux unterbricht quasi den Energiefluß des Körpers, und der Mensch hat Schwierigkeiten, seine wunderbaren Einsichten und Eingebungen aus den höheren Ebenen seines Wesens hier auf Erden sichtbar zu machen.

Manche Menschen glauben, man könne durch die operative Entfernung dieses Haluxes das ganze damit verbundene Thema mit einem Schlag erledigen. Leider ist dies in der Regel nicht der Fall, und bei einer Operation wird der Betreffende eher auf einmal mit sämtlichen negativen Energien dieses Arbeitspunktes konfrontiert. Oft heilt die Wunde sehr lange nicht richtig zu, und häufig ist es der Fall, daß der Halux nach Jahren wieder da ist. Die Themen dieses Punktes sind noch immer unbearbeitet.

Deshalb würde ich von einer operativen Entfernung des Haluxes abraten, obwohl dies mit den heutigen Methoden der Medizin durchaus möglich ist. Ich persönlich glaube mehr an den ganzheitlichen Weg, die Schmerzen und Verletzungen, die dieser Bereich beinhaltet, anzunehmen, umzuwandeln, um sie dann schließlich endgültig aus dem System entlassen zu können.

Die Metamorphose ist der sanftere und nachhaltigere Weg, dieses Lebensthema zu bearbeiten.

Auf diese Weise lassen sich all die Begleiterscheinungen neutralisieren, und die dazugehörenden Muster werden umgewandelt. Da solche Muster aber meist tief verwurzelt im Unterbewußtsein verankert sind und oft über Generationen hinweg weitergegeben werden, kann es freilich eine gewisse Zeit dauern.

Mit einer Behandlung können solche Programme sicherlich nicht weggezaubert werden, aber sie lassen sich lösen und umwandeln. Gefühlsmäßig geht dieser Arbeitspunkt mit Schmerz und Angst aber auch mit Wut und Aggression einher. Die Ursache dieser Gefühle liegt aber in der Ablehnung des Kindes in den ersten Schwangerschaftswochen. So wird ein Mensch, der dieses Muster bereits umgewandelt hat, wahrscheinlich viel Liebe für sich und seine Mitmenschen entwickeln, weil er aus dieser Verletzung gelernt hat.

Interessanterweise habe ich beobachten können, daß unter den größten Wunden und Verletzungen eines Menschen meist sogar das größte Potential seiner Seele verborgen ist. Es ist, als ob der Kristall im Inneren erst geschliffen werden müßte, um in seiner vollen Schönheit zu erstrahlen. Durch das Annehmen und Umwandeln unserer Verletzungen wird der Kristall erst geschliffen, und die dazugehörenden positiven Qualitäten können dadurch entwickelt werden.

Umgewandeltes Muster

Im umgewandelten Zustand gelingt es dem Menschen, sein Herz zu öffnen und die Liebe, die das Universum für ihn bereithält, zu fühlen. Ebenso wird er jetzt Menschen anziehen, die ihn lieben und annehmen, so wie er ist.

Der Satz würde lauten: »ICH BIN WILLKOMMEN UND GELIEBT.«

3. Punkt – Mitte der Schwangerschaft

Körperliche Entsprechung
Körperlich steht diese Phase für die Körpermitte, Milz, Bauchspeicheldrüse, Leber/ Galle usw.

Seelisch-geistige Entsprechung
Nachdem die Mutter jetzt weiß, daß sie schwanger ist, bereitet sie sich innerlich auf das werdende Leben vor. Freut sie sich auf das Kind, wird sie in positiver Weise darüber denken und dem Fötus ihre Freude darüber vermitteln. Das werdende Kind entwickelt in dieser Phase seine Kraft, sein Durchsetzungsvermögen, seinen Eigenwillen im Leben und das Gefühl des eigenen Ichs. Dies sind wichtige Bereiche, die es im späteren Leben dringend benötigt.

Freut sich die Mutter und ist guter Dinge, wird sie das heranwachsende Leben während dieser Wachstumsphase mit ihrer Energie unterstützen, und das ungeborene Kind wird kraftvoll und sicher in seinem Körper und seinem Denken, es entwickelt Selbstbewußtsein. Hat die Mutter selbst große Sorgen und Ängste, so wird sie diese sicherlich auf das Kind übertragen. Es erscheint einleuchtend, daß das Kind, das in seiner Embryonalzeit nicht willkommen ist, eher Schwierigkeiten haben wird, sein Hier-Sein und seine Kraft voll zu entfalten.

Entsprechendes Muster
Das damit verbundene Muster würde lauten: »ICH DARF EIGENTLICH GAR NICHT WIRKLICH HIER SEIN UND MEINEN PLATZ EINNEHMEN.« Das Kind nimmt sich zurück, will nicht zur Last fallen, fühlt sich möglicherweise schuldig, weil die Mutter nicht glücklich ist ob seines Daseins. Es hat das Gefühl, nicht wirklich da sein zu dürfen, und hält vieles zurück, was zur

Ausbildung seiner persönlichen Kraft erforderlich wäre. Diese positive Kraft wird nicht entsprechend nach außen ausgebildet, sondern richtet sich nach innen, gegen sich selbst. Sie wird ihm später im Leben fehlen, und dies wird als fehlendes Durchsetzungsvermögen spürbar.

Das Kind kann sich nicht voll für seine Bedürfnisse einsetzen und hat Schwierigkeiten zu unterscheiden, was es braucht und was nicht; sowohl seelisch-emotional als auch in anderen Bereichen, wie zum Beispiel bei der Nahrungsaufnahme usw.

Die Entwicklung seiner Persönlichkeit ist geschwächt und wird später im Leben durch negative Gemütszustände wie Schuldgefühle, Aggressionen, Depressionen spürbar, etwa nach dem Motto: »Ich kann nicht, ich schaff's nicht, ich kann mich nicht durchsetzen.« Eine niedergeschlagene Grundstimmung macht sich breit, das Leben erscheint dem Betreffenden dann nicht hell und fröhlich, sondern schwer und trist. Ein Mensch mit solch einem Lebensmuster muß sich ständig zur Wehr setzen oder wird leicht von anderen überrollt, da er seine Kraft ja nicht stark genug entwickelt hat. Er hat Schwierigkeiten seinen Platz und seine Aufgabe im Leben zu finden. Hat sich ein Trauma während der pränatalen Zeit körperlich ausgewirkt, so könnte es z. B. sein wie bei folgendem …

Beispiel

Ein paar Monate vor der Geburt ihres Kindes stirbt der Ehemann der Mutter tragisch durch einen Verkehrsunfall. Durch den Schock, den die Mutter durch das Ableben ihres Mannes erlitt, ist die körperliche Entwicklung des Embryos nicht vollständig normal verlaufen. Die Gebärmutter und Eierstöcke sind im Embryo nicht richtig ausgebildet.

Seelisch-emotional hat diese Frau von Geburt an mit Ängsten und Unsicherheiten aller Art zu tun. Ihr Selbstwertgefühl und ihr

Durchsetzungsvermögen sowie die Fähigkeit, zu unterscheiden, was gut für sie ist und was nicht, um dann entsprechend Grenzen zu setzen, ist fast gar nicht vorhanden.

Sie führt ein Leben innerhalb der Großfamilie, in der sie keine Anerkennung erfährt. Ihr Umfeld beginnt, die gesamten Schattenanteile der Familie auf sie zu projizieren. Sie kann sich gegen diese Rolle wegen des mangelnden Selbstwertgefühls nicht wehren. Später stirbt sie an Bauchspeicheldrüsenkrebs.

All diese Symptome lassen ganz klar erkennen, daß ab spätestens Mitte der Schwangerschaft die Entwicklung des ungeborenen Kindes nicht mehr normal verlief. Die Bauchspeicheldrüse und die ihr zugeordneten Fähigkeiten, nämlich Gutes und ihr Zuträgliches von Schlechtem zu unterscheiden und auszuscheiden, gehören in diesen Themenbereich.

An diesem Beispiel soll deutlich werden, wie sich eine Störung in der pränatalen Zeit auswirken, und welch großen Einfluß sie auf unser Leben als Erwachsene haben kann. Hätte der Mensch in unserem Beispiel die Chance erhalten, mit der Metamorphischen Methode in Berührung zu kommen, so wäre es möglich gewesen, das Trauma auf der seelisch-geistigen Ebene zu harmonisieren. Sicherlich hätte man so die körperliche Fehlentwicklung zwar nicht rückgängig machen, jedoch die immer wieder in verschiedenen Bereichen auftretenden Ängste und ihr Defizit in der Entwicklung ihrer persönlichen Kraft, des Selbstwertgefühls, und ihres Durchsetzungsvermögens neutralisieren und umwandeln können.

Äußerliches Merkmal

Ein Arbeitspunkt in diesem Bereich läßt sich als Verdickung erkennen, die wie ein Knochenvorsprung wirken kann und sich genau in der Mitte vom Spann des Innenfußes auf dem knöchernen Rand befindet.

Umgewandeltes Muster
Im transformierten Zustand hat unser Klient gelernt, sich durchzusetzen, nein zu sagen, seine Bedürfnisse direkt zu äußern und auch negative Gefühle in angemessener Weise zu äußern. Er empfindet Lebensfreude, kann seinen Platz im Leben einnehmen und seine Aufgabe erfüllen.

Der Satz würde jetzt lauten: »FREUDIG NEHME ICH MEINEN PLATZ IM LEBEN EIN. Ich bin kraftvoll und kann das Leben mit Leichtigkeit meistern.«

2. Punkt – Vorgeburt
Der Punkt der Vorgeburt steht für die Zeit, in der sich die Mutter auf die Geburt vorbereitet.

Körperliche Entsprechung
Körperlich steht diese Phase für das Becken und die Fortpflanzungsorgane, Eierstöcke und Gebärmutter. In diesem Stadium ist der Körper bereits gebildet, und der Fötus beginnt, sich getrennt von seiner Umgebung wahrzunehmen. Er erforscht seine Umwelt, in der er liegt, und beginnt zu strampeln und sich zu bewegen. Daher beeinflußt dieser (Zeit-)Punkt unter anderem auch die Art, wie der Mensch später mit seiner Umwelt in Beziehung steht, und sein Verhalten in Beziehungen.

Seelisch-geistige Entsprechung
Zu dieser Zeit entwickelt die Mutter möglicherweise Ängste ob der bevorstehenden Geburt, weil sie diese Erfahrung nicht kennt. Es ist auch möglich, daß ihre eigene Geburt schwierig war und diese Phase innerhalb der Familie immer ein schwieriges Thema

war. So steht dieser Punkt auch für die emotionale Entwicklung des werdenden Kindes, für seinen gesamten Gefühlsbereich, die Beziehung zu den Eltern und später zum Partner sowie zu den eigenen Kindern und ganz allgemein für seine Beziehungsfähigkeit.

Hier entscheidet sich die Frage: Wächst das Kind in einer harmonischen Beziehung auf oder erlebt es schwierige Umstände?

Vielleicht ist die Beziehung seiner Eltern problematisch, oder die Mutter muß eine Trennung verkraften oder sogar andere Traumata wie z. B. den Tod des Partners, Unfälle usw. – Schocks und Traumata beeinflussen maßgeblich die seelisch-geistige Entwicklung dieses Bereichs.

Entsprechendes Muster
So könnte sich eine Störung in dieser Entwicklungsphase zum Beispiel auch darin äußern, daß die eigene Partnerschaft später im Leben ebenfalls schwierig oder die Beziehung zu den Eltern problematisch ist. Der freudige Austausch, der eigentlich für diesen Bereich steht, ist dann gehemmt, und Streit und andere schwierige Situationen sind wahrscheinlicher als harmonische Beziehungen.

Das Muster könnte beispielsweise lauten: »ES IST UNMÖGLICH FÜR MICH, GLÜCKLICHE BEZIEHUNGEN ZU HABEN.«

Wut, Angst, Haß und so weiter sind die dazugehörenden Gefühle, die aber mit Hilfe der Metamorphose neutralisiert und umgewandelt werden können.

Äußerliches Merkmal
An einem Arbeitspunkt in diesem Bereich sind oft Rötungen und Hautveränderungen zu beobachten. Bei größeren Störungen in diesem Bereich können sich diese Rötungen bis zum Knöchel hin ausdehnen und auch entzündet sein.

Umgewandeltes Muster
Im umgewandelten Zustand kann die entsprechende Person ganz andere Erfahrungen hervorbringen. Eine glückliche Partnerschaft wäre jetzt für den Klienten möglich, und die Zeit vor der Geburt wird als leicht und freudig erlebt.

Der Satz würde jetzt lauten: »MEINE BEZIEHUNGEN SIND ERFREULICH.«

Es gibt verschiedene Möglichkeiten, die Geburt für Mutter und Kind leichter und angenehmer zu gestalten. Je nach dem, wie die medizinischen Umstände es zulassen, könnte man beispielsweise eine Wassergeburt erwägen, um nur eine der alternativen Möglichkeiten anzuführen. F. Leboyer gilt im Bereich der sanften Geburt als der Pionier, und man kann seine Arbeit in Büchern nachlesen, um sich inspirieren zu lassen. Er hat Programme zur Geburtsvorbereitung mit Anregungen und Übungen für die werdende Mutter entwickelt, die auf Audiotapes erhältlich sind.

1. Punkt – Der Geburtspunkt

Körperliche Entsprechung
Körperlich gesehen, steht dieser Bereich für die unteren Beckenknochen, das untere Ende der Wirbelsäule, das Steißbein und die Beine. Der Körper des Fötus ist vollständig ausgebildet und jetzt bereit, seine kleine Höhle im Mutterleib zu verlassen, die ihm auch langsam zu eng wird. Dieser Punkt korreliert mit unserer Geburt, der Fötus bewegt sich durch den Geburtskanal. Er beginnt danach, als eigenständiger Mensch zu atmen und zu leben, daher bezieht sich dieser Punkt auch auf die körperliche Abnabelung des Kindes.

So kann die Geburt als solche natürlich sehr verschieden erlebt werden. Sie kann als unproblematisch, ja sogar freudig erlebt werden, vom Embryo ebenso wie von der Mutter, oder die Geburt ist schwierig, führt zu Komplikationen, oder die Mutter hat große Ängste bezüglich der Geburt. Vielleicht gab es in der Familie bereits Fälle von Kaiserschnitt oder anderen schwierigen Umständen bei der Geburt. In diesem Falle wird die Schwangere sicher dazu neigen, ihr eigenes Geburtstrauma zu wiederholen.

Für Schwangere ist die Metamorphose eine wertvolle Hilfe, die bevorstehende Geburt nicht nur aus den übernommenen, meist negativen Mustern der Ahnen zu gestalten, sondern aus eigenen Werten und Erfahrungen heraus.

Seelisch-geistige Entsprechung

Seelisch-geistig steht dieser Punkt für unsere Basis, unsere Grundlebensenergie und unser Verhältnis zum Urvertrauen im Leben. Dies hat Einfluß auf das Verhältnis zu unseren Grundbedürfnissen, zur Erde, zur Sexualität und ganz allgemein zu unserer vitalen Lebensenergie.

Schwingt dieser Bereich harmonisch, so kann sich der Betreffende darauf verlassen, daß er im Leben immer mit allem versorgt sein wird, was er braucht zum Überleben, die Grundbedürfnisse wie Nahrung, Wohnung, Geld usw. Er weiß, daß ihm das Leben und die große Mutter Erde jederzeit alles zur Verfügung stellen wird, was er benötigt.

Schwingt dieser Punkt nicht harmonisch, und der Betreffende hat vielleicht eine traumatische Geburt erlebt, so wird sich das in oben aufgeführten Themen widerspiegeln. Es könnte z. B. sein, daß das Neugeborene die Nabelschnur um den Hals hatte und nur knapp mit dem Leben davongekommen ist, oder die Mutter stirbt oder wird nach der Geburt krank. Es gibt schwierige

Geburten, und das Kind war vielleicht eine Frühgeburt oder es kam mit Saugglocke zur Welt. Manchmal läßt sich ein Kind nur mit einem Kaiserschnitt entbinden.

Kaiserschnitt-Kindern sagt man z. B. nach, daß ihnen das gehörige Maß an Durchsetzungsvermögen fehlt, weil sie sich nicht durch den engen Geburtskanal zu bewegen brauchten. Solche und andere Erlebnisse prägen uns natürlich, weil die Geburt unser Anfang ist im Leben, und dementsprechend erleben die Betroffenen das Leben gleich als einen Ort, an dem es schwierig ist, zu überleben, und sie müssen gleich von Anfang an darum kämpfen.

Entsprechendes Muster

Das Muster in diesem Bereich würde beispielsweise lauten: »ICH MUß UM MEIN ÜBERLEBEN KÄMPFEN. Ich muß froh sein, wenn ich mit dem Leben davonkomme. Für die Deckung meiner Grundlebensbedürfnisse, wie Nahrung, Kleidung, Wohnung muß ich sehr viel Energie aufwenden, dies fließt mir nicht einfach so zu.«

Angst beherrscht bei einem Arbeitspunkt auf diesem Gebiet in jedem Fall diesen ganzen Themenbereich; Angst ums Überleben oder darum, daß die Grundbedürfnisse nicht gedeckt sein könnten. Diese Themen sind für den Säugling von zentraler Wichtigkeit, weil er in diesem Stadium ja völlig auf die Versorgung von außen, durch die Mutter angewiesen ist.

Später im Leben könnte sich dies so darstellen, daß der Betreffende Schwierigkeiten hat, dem Leben zu vertrauen, und er spürt im Hintergrund ständig die Angst, seine Grundbedürfnisse könnten nicht gedeckt sein oder er könnte seine Familie nicht ausreichend versorgen. Es können auch andere Ängste vorherrschen, je nach dem, wie die Geburt verlaufen ist. Die Lebensenergie ist in diesem Fall kein ruhiger Strom, auf den man sich verlassen kann, sondern starken Schwankungen unterworfen, von einerseits völliger Energielosigkeit bis hin zum anderen Extrem, daß man aggressiv ist und nicht weiß, wohin mit seiner Kraft.

Bei einem Arbeitspunkt in diesem Bereich hat man zuweilen auch Schwierigkeiten, sich zu erden, kann vielleicht schwer Wurzeln schlagen und ist ständig auf der Suche nach seinem Platz hier auf Erden. Auch Eßstörungen und ein unharmonisches Verhältnis zu seinem Körper und zur Sexualität gehören in diesen Themenbereich. Gerade bei werdenden Müttern ist häufig zu beobachten, daß sie dazu neigen, ihren Mustern entsprechend, ihr eigenes Geburtstrauma zu wiederholen oder zumindest mit deartigen Ängsten belastet sind.

Bei der Arbeit mit Schwangeren ist es möglich, ihr Geburtstrauma zu verarbeiten oder zumindest Licht in Bereiche zu bringen, die mit negativen Geburtserfahrungen besetzt sind.

Äußerliches Merkmal

... für einen Arbeitspunkt in diesem Bereich ist eine Verdickung dieses Punktes, der auch gerötet sein kann. Oft findet man an der Unterseite der Ferse dicke Hornhaut, die auf einen Arbeitspunkt das Prinzip »Mutter« betreffend schließen läßt.

Umgewandeltes Muster

Im transformierten Zustand hat man gelernt, dem Leben zu vertrauen. Man spürt tief im Inneren die Gewißheit, daß das Leben alles bereithält, was benötigt wird, und man nicht darum zu kämpfen braucht. Man kann eine natürliche Lebensfreude empfinden und erlebt die Erde als einen sicheren Ort. Die eigene Lebensenergie fließt dem Menschen aus dieser ruhigen Verbindung mit der Erde ständig zu, und so kann er seine Aufgaben im Leben bewältigen und sogar Freude daran haben.

Man fühlt sich auf der Erde zu Hause und braucht sich um seine wirtschaftliche oder auch gesundheitliche Lage keine großen Sorgen zu machen. Jetzt ist das Urvertrauen ins Leben entwickelt. Man kann sich darauf verlassen, daß das Leben einen trägt und mit allem versorgt, was für das Überleben notwendig ist.

Der Satz könnte lauten: »ICH KANN DEM LEBEN VERTRAUEN; ICH BIN VERSORGT.«

Lebensmuster und ihre Umwandlung

Ein Lebensmuster ist ein seelisches Konzept, das meist als negatives Verhaltensmuster im Unterbewußten gespeichert ist und in bestimmten Situationen einrastet wie eine Schallplatte und unbewußt automatisch abläuft, ohne daß sich die Person (gefangen im jeweiligen Muster) aus eigener Kraft daraus befreien könnte. Es ist ein festgefahrenes Verhaltensschema, das sich in bestimmten Situationen immer wieder in gleicher Weise wiederholt. Dieser Mechanismus läßt sich auch mit den Versuchen des positiven Denkens nicht modifizieren, weil das Unterbewußtsein des Menschen so stark mit negativen Glaubenssätzen besetzt ist, daß es jeden Versuch, das jeweilige Thema mit positiven Affirmationen und Vorsätzen zu lösen, sofort wieder sabotiert. Es ist möglich, daß ein halbwegs bewußter Mensch zwar registriert, »Ach, das ist ja schon wieder dieses Thema«, sich aber trotzdem nicht daraus befreien kann.

Hier sei angefügt, daß ich keinesfalls den Wert von positivem Denken schmälern will, daß es aber Bereiche im Leben eines Menschen gibt, in denen diese Methoden keinen Erfolg zeigen, weil unterbewußte Glaubensmuster stärker sind und den Weg versperren. Solch ein Muster bildet energetisch gesehen eine regelrechte Blockade im Energiesystem eines Menschen. Sie besteht aus nicht verarbeiteten Erfahrungen, die mit starken Gefühlen verbunden waren.

Zu schlimm ist die Erfahrung gewesen und die damit verbundene Angst, dasselbe könnte sich nochmals ereignen. Mit dem Entschluß, so etwas nie wieder erleben zu wollen, weil man einfach keinen Weg findet, diese Erfahrung zu verarbeiten, beschließt also der Mensch, diese Erfahrung ins Unterbewußtsein zu verbannen.

Dies funktioniert so lange, bis wieder ein Ereignis im Leben eintritt, das ähnlich gelagert ist. Dann wird die oben beschriebene Blockade aktiviert, und der Mensch wird plötzlich mit all den Gefühlen überflutet, die er doch in sein Unterbewußtsein verbannt hatte, um sie nie wieder fühlen zu müssen. Das aktuelle Ereignis in seinem Leben aktiviert die unverarbeiteten Gefühle von damals. Jetzt dringen die verdrängten Gefühle noch stärker als damals ins Bewußtsein.

Lange haben sie gewartet und sind aufgestaut, jetzt gelangen sie an die Oberfläche und wollen gesehen und verarbeitet, gefühlt und angenommen sein. Durch dieses Annehmen von zunächst negativen Gefühlen könnten sich die Erfahrungen aus der Vergangenheit harmonisieren und schließlich aus dem System des Menschen entlassen werden.

Es gibt eine Kraft im Menschen selbst, die sich wünscht, ganz und heil zu sein. Diese Kraft wird den Menschen dazu drängen, sich immer wieder Situationen zu schaffen, bei denen er mit den Gefühlen dieser Energieblockade konfrontiert wird, bis er bereit ist, die Verletzung zu sehen. So kann er die damit verbundenen Gefühle und Lernerfahrungen verarbeiten und annehmen. Damit wären sie erlöst, denn mit der Annahme dieser Gefühle könnten sie aus dem System fließen. Der Platz, der durch diese festgehaltenen Gefühle besetzt war, würde frei werden für den freien Fluß der Lebensenergie und für neue und wahrscheinlich schönere Erfahrungen.

Deshalb ist hier der Widerstand, seine verletzten Persönlichkeitsanteile anzuschauen, dem Menschen leider nicht hilfreich, im Gegenteil, seine Weigerung verlängert nur seinen Prozeß der ganzheitlichen Gesundung und der Erneuerung seiner Zellstruktur. Manche Menschen brauchen sehr viel Druck, um sich in die Hingabe zu begeben und den Weisungen ihrer Seele endlich gerecht zu werden. Dieser Druck kann durch Situationen im Außen entstehen, die so schlimm sind, daß es wirklich keinen anderen Weg mehr gibt, als hinzusehen und sich den alten Verletzungen zu stellen, oder aber den Weg über die Krankheit.

Hier sei darauf hingewiesen, daß mit bestimmten Mustern später auch bestimmte Krankheiten einhergehen können. Diese Krankheiten stellen lediglich die verfestigte Form dieser innerhalb der Familien weitergegebenen Lebensmustern dar. Die Art der Krankheit und die Stelle, an der sie auftritt, sind deshalb nicht zufällig, sondern spiegeln das seelisch-geistige Muster auf der körperlichen Ebene wider. Deshalb treten in bestimmten Familien bestimmte Krankheiten auf, weil sie zu den Lebensmustern dieser Familie passen.

Beispiel
Die Familie hat am Punkt der 6./7. Woche, an dem die Mutter erfährt, daß sie schwanger ist, ein Thema. Damit würde der Halux innerhalb der Familiengeschichte immer wieder auftreten. Körperlich gesehen würden damit später im Alter etwa Krankheiten wie Herzinfarkt oder andere Herz-Krankheiten auftreten sowie Erkrankungen der Lunge und des oberen Brustbereichs.

Dies muß aber nicht sein, und manch einer entscheidet sich für den eigentlich leichteren Weg, seine Muster aufzulösen, solange sie sich noch nicht im Körper als Krankheit manifestiert haben. Gerade in der heutigen Zeit wird hierfür sehr viel Hilfe angeboten, und groß ist das Angebot der verschiedenen Methoden.

Die Metamorphose ist ein sehr tiefreichender und hilfreicher Weg, wenn es um die Lösung solcher vorgeburtlichen Strukturen geht, weil sie diese lebensfeindlichen Programme direkt an ihrem Ursprung entlarvt und auflöst.

Beispiel für ein Lebensmuster

Nehmen wir einmal an, eine Schwangere hat sich zwar ursprünglich auf das Kind gefreut, aber sie gerät in Nöte, sie hat schwierige Umstände zu meistern, ist beruflich überlastet und kann sich nicht die Ruhe nehmen, die sie eigentlich nötig hätte, um das Kind auszutragen. Sie gerät in eine depressive Phase, vielleicht hat sie Schwierigkeiten mit ihrem Partner und würde sich am liebsten selbst das Leben nehmen. Das kleine Wesen in ihrem Bauch spürt, daß sie beide auf eine Art in Lebensgefahr sind, denn es ist ja völlig auf die Mutter angewiesen. Würde sich die Mutter tatsächlich das Leben nehmen, so würde es ebenfalls sterben.

Der Embryo wird völlig überschwemmt von den Gefühlen der Mutter und erlebt diese, als wären es seine eigenen. Er kann den Gefühlsbereich der Mutter nicht als von ihm getrennt wahrnehmen und ist ihm völlig ausgeliefert. Aus dieser Not heraus beschließt das ungeborene Kind, so klein es auch sein mag, der Mutter zu helfen und gibt ihr von seiner kleinen Lebenskraft und Liebe, damit sie beide diese Zeit der Schwangerschaft überstehen.

Die Seele des Kindes trifft mit der Mutter das Abkommen, daß sie ihr hilft, wenn es schwierig wird. Sie fühlt sich auf eine Art für den schlechten Gemütszustand der Mutter verantwortlich. So geschieht es, daß das Kind nicht mehr die Rolle des Kindes hat, sondern die Rolle der Mutter für die eigene Mutter übernimmt.

Wird dies in dieser frühen Phase erlebt, so setzt sich das Muster nach der Geburt fort. Das heranwachsende Kind versucht, der Mutter zu helfen, indem es ihre Sorgen und Ängste übernimmt.

Vielleicht wird es viele Jahre dauern, bis dieses Kind – eigentlich inzwischen selbst erwachsen – erkennt, daß es Schwierigkeiten hat, sich von der Mutter zu lösen, weil sich immer wieder dieselben Mechanismen auslösen.

Versucht es also, von der Mutter fortzugehen und nein zu sagen, wird es immer wieder schnell an Ängste stoßen, die Mutter wirklich zu verlassen, da es unbewußt immer noch denkt, die Mutter könne ohne sein Zutun nicht überleben, und es spürt selbst die Angst, daß sie es ohne die Unterstützung der Mutter niemals schaffen kann so wie damals im Mutterleib. Wahrscheinlich wird die Mutter das Kind aus der ihm zugedachten Rolle auch keineswegs freiwillig entlassen, da sie noch keine eigene Lösung des Problems zur Verfügung hat.

Auf Dauer wird diese Abmachung, die zwischen den beiden besteht, aber nicht funktionieren. Zu der Zeit, als diese Abmachung geschlossen wurde, war diese Lösung sicherlich die beste für alle Beteiligten, und alles hatte insofern seine Richtigkeit. Aber die Seelen wollen alle weiter wachsen, und irgendwann sind solche Abkommen für die Beteiligten in keiner Weise mehr förderlich. Das Kind wird irgendwann sein eigenes unabhängiges Leben leben wollen und sich aus dieser ihm zugedachten Rolle befreien. Dies geschieht, wenn das Kind erkennt, daß es die mütterlichen Probleme gar nicht lösen kann. Das Naturgesetz besagt, die Mutter nährt das Kind und nicht umgekehrt.

Solche Abmachungen, die innerhalb der Familien getroffen werden, sind häufig vorzufinden, vor allem, wenn die Mutter selbst irgendwelche Defizite aufweist, die aus ihrer Kindheit herrühren. Vielleicht ist die Mutter der Mutter früh gestorben, oder sie war aus anderen Gründen nicht verfügbar. Das Muster des Kindes hieße dementsprechend: »Wenn ich nein dazu sage, anderen Menschen zu helfen, weil es mit meinen eigenen Bedürfnissen nicht übereinstimmt, werde ich bestraft, entlassen, verlassen, verliere ich geliebte Menschen.«

Die eigentliche Angst, die dahintersteckt, ist die: »Wenn ich der Mutter meine Unterstützung entziehe, werde ich abgetrieben, verliere ich meine Lebensgrundlage.« Dies ist natürlich ein Glaubenssatz, der in dieser Form für den Erwachsenen nicht mehr stimmt, im Unterbewußtsein dieser Person aber, aus jener pränatalen Zeit stammend, noch immer als unverrückbare Tatsache gespeichert ist. Aus dieser Überzeugung heraus wird er im täglichen Leben immer wieder Ereignisse herbeiführen, die diesen Glaubenssatz widerspiegeln.

Nehmen wir einmal an, er kommt beruflich in eine Situation, in der er schikaniert und gemobt wird und sich wehren muß, weil dies seine persönliche Integrität von ihm verlangt. Die Folge könnte sein, daß er seine Arbeitsstelle verliert, und sein Glaubenssatz, wie oben beschrieben, wäre bestätigt. Dies würde wieder seine ursprünglichen Gefühle im Mutterleib, seine Angst abgetrieben zu werden, aktivieren.

Das wäre für unseren Klienten eigentlich die Chance, seinen Schmerz zu fühlen und Überreste dieser ursprünglichen Verletzung aus seinem System zu entlassen. Sicherlich wird ihm dieses Muster erschweren, nein zu sagen. Ferner wird dieser inzwischen Erwachsene sicherlich für die Menschen, die er liebt, immer viel zu viel Verantwortung übernehmen, weil dies ja sein Muster ist. Er hat Schwierigkeiten, sich gegenüber den gefühlsmäßigen Schwingungen seiner Mitmenschen gebührend abzugrenzen, weil er Angst vor den Folgen hat.

Im Alltag bedeutet dies ganz konkret, daß immer, wenn Menschen in der Nähe sind, die selbst unter Druck stehen mit ihren Wachstumsprozessen, unser Klient mit dem oben beschriebenen Muster Gefahr läuft, die Energien dieser Menschen viel zu nahe an sich heranzulassen. Am Ende kann er nicht mehr erkennen, ob es die eigenen Gefühle oder die der anderen sind, die er fühlt. Immer wieder wird unser Klient mit dem Thema Abgrenzung zu tun haben, bis dieses Muster, bei ihm schon in der pränatalen Phase gebildet, von ihm entlarvt und erkannt wird.

Anderen ihre Belastungen und negativen Energien abzunehmen, einfach nur weil dies sein Muster ist (denn zuträglich ist es ja nicht), kann ohne die nötige Klarheit des Erkennens dazu führen, daß sich dieser Ablauf immer wieder aufs Neue wiederholt. Dies ist für den Klienten wenig erfreulich, weil er immer wieder mit Problemen von anderen belastet ist, die er gar nicht lösen kann, weil es eben gar nicht seine eigenen sind.

Der erste und wichtigste Schritt zur Lösung eines solchen Programms ist, es erst einmal klar zu erkennen. Dazu ist es wichtig zu sehen, woher dieses Muster stammt, aus welcher Zeit und wie es gebildet wurde. Dann können die damit verbundenen Gefühle wahrgenommen und geheilt werden. Hierbei leistet die Technik der Metamorphose wertvolle Hilfe.

Dem Klienten gelangt die ursächliche Erfahrung ins Bewußtsein, und er erkennt, aus welcher Zeit dieses Programm stammt. Er kann es jetzt als Grundschablone erkennen für ein Verhalten, das in seinem Leben immer wieder einrastet. Beginnt der Schleier des Unterbewußtseins sich zu lichten und das Muster ist entlarvt, ist seine Lösung bereits gewiß.

Im umgewandelten Zustand würde der Glaubenssatz folgendermaßen lauten: »Ich bin geliebt und werde von meinen Mitmenschen so angenommen, wie ich bin, auch wenn ich meine Grenzen setze, wenn es notwendig ist.«

Hier ist wichtig zu bemerken, daß jeder Mensch mit unzähligen verschiedenen Mustern behaftet ist, die er im Leben ausagiert. Wichtig ist aber, daß es Grundmuster gibt, die meist tief verankert im Unterbewußtsein gerade aus dieser vorgeburtlichen Zeit stammen. Sie haben Schlüsselfunktion und wollen gesehen und umgewandelt werden. Diese Muster werden über Generationen hinweg weitergegeben, von Mutter zu Kind und Kindeskindern. Sie sind meist unbewußt, bis einer innerhalb der Ahnenreihe sich die Mühe macht, sie genauer zu beleuchten und aufzulösen. Dann reicht die Wirkung dieser Auflösung bis zu vier Generationen in die Vergangenheit und vier Generationen in die Zukunft.

Beispiel für ein solches Muster
In früheren Zeiten wurde die Frau dem Mann gegenüber nicht als gleichberechtigt betrachtet, und so fühlte sich die Frau ihrem Mann gegenüber oft nicht als gleichwertig. Sie ordnete sich ihrem Mann unter und stellte ihre eigenen Bedürfnisse und ihre eigene Verwirklichung hintan. Dies hatte zur Folge, daß sie sich nicht zugestand, ihre Meinungen und Gefühle als gleichberechtigter Partner mitzuteilen und zu äußern. Kamen zu diesem kollektiven Muster noch verstärkende persönliche Muster und Faktoren hinzu, so hatte die Frau einen schwierigen Stand neben ihrem Manne.

Auch in der heutigen Zeit, in der die Gleichberechtigung von Mann und Frau angestrebt wird, kann dieses Muster in einer Familie so stark sein, daß es der Tochter in ihrem Bemühen, ein selbstbestimmtes Leben zu führen, in die Quere kommt. Wenn sie sich jedoch mit diesem Muster auseinandersetzt und es schließlich erkennt und auflöst, wird sie nicht nur sich selbst befreien und die nachfolgenden Generationen, sondern auch den Älteren zur Heilung vieler erlittener Schmerzen verhelfen.

Anfangs werden die Älteren und Ahnen in der Familie ihren Weg wahrscheinlich nicht gutheißen, weil die alten Glaubensmuster zu ihrer Zeit so mächtig waren, daß es keinen Weg gab, sich daraus zu befreien. Zum jetzigen Zeitpunkt erlaubt es glücklicherweise die Qualität der Zeit, daß solche überholten Denkmuster umgewandelt werden können. Letzten Endes profitieren alle in der Familie davon, wenn dieses Muster aufgelöst wird, weil es für alle Beteiligten eine Befreiung ihrer Lebensenergie bedeutet. So stellt die Umwandlung eines negativen Lebensmusters eine Zellerneuerung und Umstrukturierung auf allen Ebenen dar, und sehr viel unterdrückte Lebenskraft findet ihren Weg hin zu freiem Fluß und freier Entfaltung. Welch eine Befreiung …

Normalerweise sind die pränatalen Muster und Strukturen – oft über Generationen weitergegeben – so tief im Unterbewußtsein, in der Zellstruktur und in der genetischen Veranlagung eingeprägt, daß sie der Person selbst nur ansatzweise bewußt sind. Tief verwurzelt und selbstverständlich (immer schon dagewesen), sind sie durch andere Methoden nur schwer ausfindig zu machen, geschweige denn von der Person selbst. Da bedarf es einer Methode, die diesen Themenbereich klärt.Die METAMORPHOSE ist die geeignete Methode, um solche vorgeburtlichen Prägungen aufzudecken und zu lösen. Negative Lebensmuster können ins Positive verwandelt werden.

Auch ganz allgemeine Erwartungen der Eltern in Bezug auf das werdende Kind haben mitunter durchaus ihre Auswirkungen.

Beispiel
Ein Elternpaar wünscht sich sehnlichst einen Sohn als Stammhalter. Das Kind ist, als es die Welt erblickt, aber ein Mädchen. Dies kann sich auf das kleine Mädchen so auswirken, daß es schon früh spürt, daß hier eher männliche Charakterzüge gefragt sind. Das Kind wird daher, weil es ja den elterlichen Erwartungen gerecht werden will, seine Weiblichkeit nicht besonders entwickeln und

auch nicht wertschätzen. Sie wird sich vielleicht eher männlich verhalten und hat selbst Schwierigkeiten, sich als weibliches Wesen vollständig anzunehmen.

Mit Metamorphose-Behandlungen könnte der ursprüngliche Wunsch der Eltern nachträglich zwar nicht revidiert werden, aber die Auswirkungen bei unserer Klientin könnten abgemildert werden, und sie könnte trotz allem ein positives Verhältnis zu ihrer Weiblichkeit entwickeln.

Weiteres Beispiel

Eine Frau klagt über Asthma, obwohl sie ansonsten eine junge und agile Person ist. Sie macht sich auf die Suche nach den möglichen Ursachen. Sie entdeckt folgendes:

Während der Embryonalphase waren eigentlich Zwillinge angelegt. Wie so oft, ging der andere Zwillingspartner wieder ab, und es kam nur ein Mädchen zur Welt, das allerdings die Seele ihres Zwillings noch in der Aura hat.

Das Asthma der Frau rührt von der Tatsache her, daß immer, wenn sie sich besonders lebendig und kraftvoll fühlt, in ihrem Unterbewußtsein gleichzeitig Erinnerungen an den Tod ihres Zwillings aktiviert werden.

Asthma betrifft das Organ Lunge, daraus läßt sich ablesen, wann der Abgang des Zwillings gewesen sein muß. Dies wäre nach meiner Einschätzung zwischen der 7. und 10. Woche der Schwangerschaft. In dieser Zeit entstehen Blockierungen, die das Herzchakra betreffen und die diesem Chakra zugeordneten Organe, Herz und Lunge und den oberen Brustbereich.

Mit Hilfe von Metamorphose-Behandlungen könnten diese Erfahrungen und die damit verbundenen Gefühle erkannt und ihre Auswirkungen allmählich harmonisiert werden. Vielleicht könnte sie auch ihre Zwillingsseele loslassen und dieser die weitere

Reise ihrer Weiterentwicklung ermöglichen. Das Asthma könnte allmählich ganz verschwinden, und sie würde sich erleichtert fühlen, weil sie nur noch ihre eigenen Seelenanteile trägt und diesen besser gerecht werden könnte.

Das Chakrasystem und seine Entsprechung zur pränatalen Linie

Während der Arbeit mit der Metamorphose fand meine Lehrerin Lilien Bürgel heraus, daß zusätzlich zu den Entsprechungen, die von Robert St. John systematisiert wurden, noch eine weitere Entsprechung existiert. So entsprechen die einzelnen Punkte der pränatalen Linie genau den verschiedenen Chakren. Mit der Arbeit am Fuß werden also nicht allein die pränatalen Phasen behandelt, sondern es werden feinstoffliche Bereiche berührt, die sich auf das ganze System des Menschen auswirken.

Wie diese Wirkung aussieht, will ich in den folgenden Kapiteln näher beschreiben.

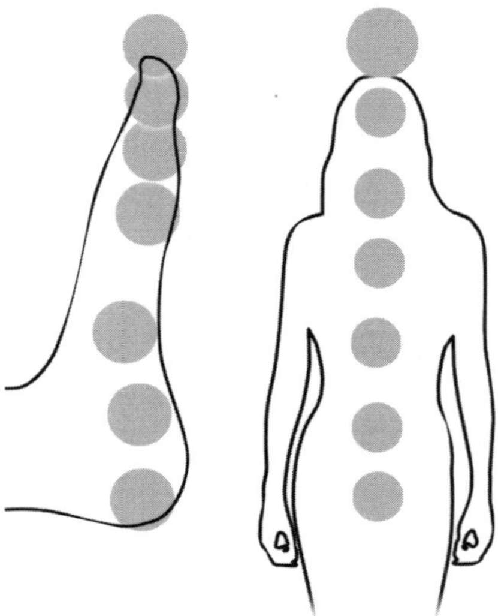

Chakren – Was ist das?

Das Chakrasystem ist überliefert aus alten chinesischen Schriften. Es handelt sich dabei um die Lehre feinstofflicher Energiezentren, die verschiedene Aufgaben im Energiesystem des Menschen erfüllen. Diese Energiezentren sind entlang der Wirbelsäule angesiedelt und strahlen kegelförmig nach vorn und hinten im jeweiligen Bereich. Die Themen der einzelnen Chakren werden im folgenden Kapitel näher erläutert.

Im Voraus soll hier erklärt sein, daß ein Chakra geöffnet ist, wenn seine positive Funktion voll ausgebildet ist.

Ein Chakra kann auch geschlossen sein oder nur teilweise geöffnet. In diesem Falle ist die positive Funktion des Chakras nur teilweise oder gar nicht ausgebildet. Der Grund hierfür kann darin liegen, daß unverarbeitete Erfahrungen aus diesem oder anderen Leben das Chakra in seinem freien Fluß und seiner vollen Entfaltung behindern.

Ist ein Chakra vollständig geöffnet, deutet es darauf hin, daß bereits einiges zum Thema dieses Chakras an innerer Arbeit geleistet wurde. Viele Menschen haben vielleicht nur ein oder gar kein geöffnetes Chakra, weil es manchmal der Arbeit eines ganzen Lebens bedarf, um ein Chakra voll zu reinigen und zu öffnen. Doch die Arbeit lohnt sich, und es ist eine Gnade, wenn es sich öffnet.

Bei älteren Seelen, die schon viele Leben hinter sich haben, findet man eher Menschen, bei denen mehrere Chakren geöffnet sind. Doch alles geschieht zu seiner Zeit, und die Schnellebigkeit und Hektik in unserem heutigen westlichen Leben hat auf diese Ebene der Energie wenig Einfluß, noch zeigt sie Verständnis hierfür.

So wie man das Wachsen eines Baumes nicht beschleunigen kann, braucht ein Mensch mit seinen verschiedenen Chakren Zeit, um zu reifen.

Hier sei noch die Bitte angefügt, niemals einen Menschen nach solchen Kriterien zu bewerten, denn wir alle verfügen über den gleichen Wert, nämlich den von wahrhaft göttlichen Wesen, ganz gleich, wie weit unsere persönliche Entwicklung fortgeschritten ist.

Die einzelnen Chakren sind auch untereinander absolut gleichwertig, und keines sollte ausgelassen oder vernachlässigt werden. Ein jedes Chakra hat seine besondere Aufgabe im Energiesystem des Menschen. Normalerweise verläuft die Entwicklung der Chakren vom untersten zum obersten, jedoch gibt es hier individuell durchaus Unterschiede.

Die einzelnen Chakren und ihre Bedeutung

Bevor die Themen der einzelnen Chakren im einzelnen erläutert werden, hier eine Übersicht.

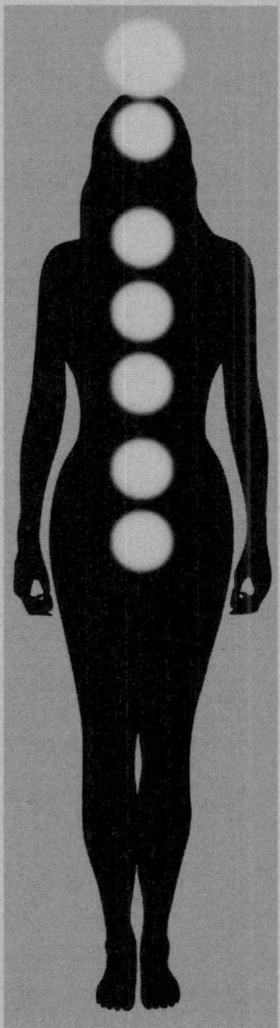

Erstes Chakra: Die Basis, Grundlebensenergie, Überlebenstrieb, Geburt und die Verbindung zur Erde.

Zweites Chakra: Fortpflanzungsorgane, das innere Kind, unsere Verbindung zu Familie und Partner, das Fließen und die gefühlvolle Sexualität sowie unser gesamter Gefühlsbereich und Lebensfreude.

Drittes Chakra: Selbstwert, ungefilterte Emotionen, Durchsetzungsvermögen, unser Platz in der Welt und unser altes Wissen.

Viertes Chakra: Einfühlungsvermögen, Liebesfähigkeit, Selbstliebe.

Fünftes Chakra: Hingabe, Kreativität, Ausdruck dessen, was im Herzen gefunden wird.

Sechstes Chakra: Inneres Wissen, Intuition, Klarheit, Weitsicht.

Siebtes Chakra: Verbindung zum allwissenden Teil unserer Seele, Verbindung zum Himmel.

Das erste Chakra

Es wird auch das Wurzelchakra genannt und bildet die Basis unseres feinstofflichen Energiesystems. Auf körperlicher Ebene steht dieses Chakra für unsere Sexualorgane und den untersten Punkt der Wirbelsäule. So ist dieses Chakra für unsere Sexualität, unseren Fortpflanzungs- und Überlebenstrieb verantwortlich.

Es steht auch für unsere Geburt, und der dem Chakra zugeordnete Satz heißt »ICH MUSS«.

Die Grundlebensenergie, unsere Verbindung zur Mutter Erde, unsere »Erdung im Leben«, das Gefühl hier auf diesem Planeten zu Hause zu sein, uns heimisch zu fühlen, sind weitere Themenbereiche dieses Chakras. Die Erde versorgt uns mit einer warmen, ruhigen Kraft, die ruhig und gleichmäßig fließt und sich anfühlt wie ein Feuer, das niemals ausgeht. Es ist die Gewißheit, im Leben immer mit all den materiellen Dingen wie Geld, Wohnung, Kleidung, Essen versorgt zu sein. Dieses innere Gefühl der Sicherheit begleitet uns durch unser Leben und manifestiert sich im Außen, in der Art, wie sich unser Leben gestaltet.

Ist dieses Chakra geöffnet, so fließt dem Menschen eine große, ruhige Kraft, die wir für die Anforderungen unseres Lebens brauchen, ständig zu. Dieses Chakra verleiht uns Stabilität und Standfestigkeit. Wir erleben die Erde als einen uns liebenden Ort, an dem man sich zu Hause fühlen kann. Daraus resultiert eine natürliche Lebensfreude, die uns all die materiellen Dinge und auch die Sexualität genießen läßt.

Harmonisch

Schwingt dieses Chakra harmonisch, so erlebt der Betreffende all die oben beschriebenen Themen, sein Hiersein auf der Erde als erfreulich, und seine materielle Situation bereitet ihm keine größeren Schwierigkeiten. Die Wohnung ebenso wie das Leben eines Menschen mit einem geöffneten ersten Chakra wird geordnet sein und Sicherheit ausstrahlen, er kann sich auf seine Basis im Leben verlassen. Seine Grundlebensenergie fließt ruhig und gleichmäßig ohne größere Schwankungen. Er hat wahrscheinlich eine Geburt ohne größere Schwierigkeiten erlebt.

Unharmonisch

Schwingt dieses Chakra nicht harmonisch, hat der Betreffende vielleicht eine traumatische Geburt erlebt, oder er hat Traumen, wie Schocks, Gewalteinwirkung, Mißbrauch oder ähnliches nicht verarbeitet. Eine schwierige Geburt könnte z. B. so aussehen, daß das Kind nicht mit dem Kopf nach unten im Bauch der Mutter liegt und die Geburt lange dauert und schwierig ist. Das Kind bekommt Angst ums Überleben. Vielleicht besteht auch die Gefahr, daß die Mutter die Geburt nicht überlebt. Man muß das Kind mit Saugglocke oder mit Kaiserschnitt holen, und die Mutter bekommt Lachgas zur Betäubung.

Eine Frau schilderte mir einmal, daß sie vor wichtigen Entscheidungen immer ein bestimmtes Gefühl von Lethargie befällt. Sie war der zweite Zwilling, der entbunden wurde, und die Mutter hatte bereits Lachgas bekommen. Das ungeborene Kind reagiert natürlich noch viel stärker auf Einwirkungen dieser Art, daher das Gefühl der Lethargie. Solche Erfahrungen bei der Geburt werden im Unterbewußtsein gespeichert und schlagen sich im Bereich des Urvertrauens nieder.

Eine Blockade im ersten Chakra könnte auch daher rühren, daß die Mutter bei der Geburt starb oder erkrankte und sich daher nicht oder nur ungenügend um das Neugeborene kümmern konnte. Vielleicht war sie auch aus beruflichen Gründen nicht in der Lage, sich Zeit zu nehmen für das Kind.

Dies hinterläßt beim heranwachsenden Menschen das Gefühl von mangelnder Geborgenheit und kann sich später im Leben z. B. darin äußern, daß der Betreffende diese Erde nicht als einen freundlichen Ort erlebt, der ihn immer mit menschlicher Nähe sowie mit allem Materiellen in Hülle und Fülle versorgt.

Er erlebt die Erde eher als einen Ort, an dem er ständig um sein Überleben und seine Versorgung mit dem Allernötigsten kämpfen muß und mit seinen Ängsten darum alleingelassen wird. Vielleicht hat auch die Mutter bereits einen Arbeitspunkt im ersten Chakra und gibt diesen ihren vier Kindern, die sie mit Mühe und Not »durchbringt«, als Lebensmuster weiter.

Bei einem ersten Chakra, das nicht geöffnet ist, fließt die Grundlebensenergie nicht gleichmäßig, sondern ist starken Schwankungen unterworfen. So hat dieser Mensch manchmal viel zu viel Energie zur Verfügung und weiß gar nicht, wohin damit, er könnte ganze Bäume ausreißen, oder er ist völlig unterversorgt mit Energie, ist ohne jeden Antrieb und beinahe apathisch. Ängste um die materiellen Dinge des Lebens beherrschen das Feld, und diese Überlebensthemen stehen ständig im Vordergrund. Aggressiv und ohne andere Menschen überhaupt beachten zu können, wird nur um das eigene Überleben gekämpft.

Nach außen wirkt solch ein Mensch grob und rücksichtslos, doch dieses Verhalten ist begründet in seinem verzweifelten Versuch, seine Ängste in den Griff zu bekommen und sein Leben abzusichern. Meist tritt dies gemeinsam mit einem Mißverhältnis zu allen materiellen Dingen auf, er ist maßlos, was Konsum, Geld und Sexualität betrifft, lebt oft über seine Verhältnisse, macht Schulden und gerät dadurch noch mehr unter Druck.

Oder er fühlt sich nicht zu Hause auf Erden und ist oft jahrelang auf der Suche nach dem geeigneten Platz, wo er sich niederlassen kann. Wahrscheinlich hat er auch Probleme, geerdet zu sein und seine Wurzeln zu spüren.

Das kann sich auch darin äußern, daß der Mensch von innerer Unruhe und seinen Ängsten getrieben ist, und all seine Energie wird panisch oder gierig dazu benutzt, materielle Dinge zu beschaffen, aus Angst, daß ihm die Energie ausgeht oder daß es später nichts mehr gibt. Solche Menschen neigen, ist einmal Geld vorhanden, zu Hamsterkäufen, und oft landen solche Dinge dann auf dem Speicher für Notzeiten, weil das Gekaufte nicht wirklich benötigt wird. Oder es mangelt ihnen an einer gesunden Wertschätzung aller materiellen Güter und der Erde überhaupt.

Es kann auch sein, daß sich ein unharmonisch schwingendes erstes Chakra darin äußert, daß sich der Betreffende ganz aus der materiellen Welt zurückzuziehen versucht, indem er den Existenzkampf völlig aufgibt und sich auf ein Minimum beschränkt, was die materiellen Güter anbelangt, und beispielsweise von der Sozialhilfe lebt.

Man findet dies mitunter auch so verpackt, daß eine Person von sich selbst glaubt, sie sei über solche niederen Dinge bereits hinaus, weil sie so spirituell ist. Leider wird hier versucht, offene Wunden mit wundersamen Theorien zu überdecken. Das Leben wird solche Ausflüchte aber nicht lange zulassen, und der Betreffende sieht sich dann um so mehr mit diesen materiellen Notwendigkeiten konfrontiert.

So ist es sicherlich ein Trugschluß, ohne erstes Chakra auskommen zu können, so wie ein Haus ohne Fundament nicht stehen kann und keines der Chakren in der persönlichen Entwicklung ausgelassen werden darf. Wird dies versucht, wird das Leben des Betreffenden dies durch wichtige Bereiche der Persönlichkeit, die nicht funktionieren, aufzeigen und ihn bald dazu zwingen, sich mit den ausgeklammerten Bereichen zu beschäftigen. Ein unharmonisches erstes Chakra kann sich auch in einer mangelnden Sexualität äußern, in Form von Impotenz, oder die Sexualität ist extrem selbstsüchtig und chaotisch bis hin zur Perversion.

Harmonisierungsmöglichkeiten
Um dieses Chakra zu harmonisieren, ist sicherlich ein Spaziergang durch den Wald hilfreich, bei dem die Erde und die Verbindung mit den eigenen Wurzeln gespürt und aktiviert wird. Es kann auch hilfreich sein, ein Lagerfeuer zu betrachten, zu joggen, zu tanzen, zu trommeln oder sich sonstwie zu bewegen.

Die Farbe Rot steht für das erste Chakra und kann über Bilder, Kleidung, Essen, Meditationen aufgenommen und zur Aktivierung und Harmonisierung eingesetzt werden. Auch erdende Hobbies wie Töpfern, Gartenarbeit, Kochen wirken ausgleichend.

Bei tieferen Blockaden im ersten Chakra empfiehlt sich z. B. eine Primär- oder Urschreitherapie, die Schocks aus der Kindheit aufarbeitet, um diese zu heilen.

Ein transformiertes erstes Chakra strahlt Kraft, Gelassenheit in materiellen Belangen, Sicherheit und Lebensfreude aus.

Das zweite Chakra
Das zweite Chakra befindet sich eine handbreit unterhalb des Bauchnabels und steht für unseren gesamten Gefühlsbereich, unsere Geschlechts- und Fortpflanzungsorgane, unsere Sinnlichkeit, die Freude am Fließen, unseren Austausch mit Partnern.

Es ist auch der Platz unserer inneren Würde; auch das innere Kind und die Freude am unbeschwerten Spiel sind hier beheimatet. Es ist eng mit dem Hara verbunden und stellt als Quelle unserer

Lebenskraft einen bedeutenden Punkt dar. Es ist der Punkt, an dem das neue Leben seinen Anfang nimmt. Es ist wie eine fruchtbare Quelle, weich und fließend, empfänglich und trotzdem kraftvoll.

Das Gefühl, ein göttliches Wesen zu sein, ist hier beheimatet. Das zweite Chakra ist auch das Gebiet der Verbindung zu unseren Eltern und später zu unseren Partnern.

Während im ersten Chakra die Sexualität als Fortpflanzungstrieb die eher animalische Seite repräsentiert, wird hier die Sexualität zum Austausch der göttlichen Quelle weiblicher bzw. männlicher Lebensenergie, zur sinnlichen Vereinigung mit dem Partner. So steht das zweite Chakra auch für die Lebensfreude, die sich in vielerlei Formen spielerisch und fließend ausdrückt.

Das dem zweiten Chakra zugeordnete Element ist Wasser, und der zugehörige Satz »ICH MAG«.

Der Austausch mit dem Partner ist erfreulich und inspirierend. Verbindungen zu Eltern sind gesund, solange sie erforderlich sind, und lassen nach, wenn das Kind erwachsen und selbständig ist.

Ein harmonisches zweites Chakra segnet den Menschen durch den stetigen Fluß kreativer Energie. Dies ist ein fruchtbares Gebiet, nicht zuletzt deshalb, weil hier neues Leben entsteht. Auch viele andere Projekte werden aus dem Fluß dieser kreativen Energie geboren. So steht dieses Chakra auch für unsere Fähigkeit, instinktiv zu wissen, was uns als Individuum gut tut, was uns Freude bringt und wovon wir lieber Abstand halten möchten. Daher kann ein gut ausgebildetes zweites Chakra ein weiser Führer sein durch die Welt mit ihren unterschiedlichen Einflüssen.

Harmonisch
Schwingt dieses Chakra harmonisch, so funktionieren die oben beschriebenen Bereiche. Der Betreffende hat bestimmt eine erfüllende Partnerschaftsbeziehung und ist mit dem Zentrum seiner Lebenskraft verbunden. Daher ist er zentriert in sich selbst und kann aus diesem Zentrum heraus der Welt und anderen Menschen begegnen. Er ist in Kontakt mit seiner sprudelnden Lebensfreude und höchstwahrscheinlich ein Mensch, der Vitalität und Selbstliebe ausstrahlt. Er hat das Gefühl von innerer Würde und wird sein Leben dementsprechend gestalten.

Unharmonisch
Schwingt dieses Chakra nicht harmonisch, so liegen die Ursachen in einer Kindheit, die lieblos oder traumatisch war. Der Betreffende ist vielleicht in einer schwierigen Partnerschaft aufgewachsen und hat entsprechend unerfreuliche Erfahrungen gemacht. Doch auch Traumata, die sich später im Leben ereignen, können zu größeren Disharmonien in diesem Chakra führen. Die Gefühle im zweiten Chakra sind blockiert, und die Kehrseite von innerer Würde und Lebensfreude wie z. B. Haß, Wut, Angst, Schmerz und andere unverarbeitete Gefühle sind spürbar.

Sie sollten in einem Rahmen ausagiert werden, in dem niemand zu Schaden kommt. So können sie umgewandelt werden, und der Mensch kehrt zurück zu seiner natürlichen Lebensfreude. Bei einem nicht entwickelten und belasteten zweiten Chakra erlebt sich der Betreffende tief in seinem Inneren als unwürdig, fühlt sich nicht als Ausdruck göttlicher Lebensenergie. Dies hat zur Folge,

daß seine Partnerschaft wahrscheinlich eher unharmonisch ist oder erst gar nicht zustande kommt.

Es könnte auch sein, daß seine Beziehung von gegenseitiger Abhängigkeit geprägt ist. Dann beruht die Beziehung nicht auf dem freudvollen Austausch von göttlichen Energien, sondern darauf, daß der eine dem anderen Energie abzapft. Da dies aber keine gesunde Basis für eine Beziehung sein kann, schlägt diese Art von Verbindung schnell in Wut und Eifersucht oder Ärger um. Die Lebensfreude ist bei einem geschlossenen zweiten Chakra blockiert, und man empfindet statt dessen nur Haß oder Ablehnung sich selbst und anderen gegenüber. Ein verletztes zweites Chakra verliert leicht Energie oder nimmt leicht negative Energien aus seiner Umgebung auf.

Harmonisierungsmöglichkeiten

Die Arbeit mit Gefühlen, z. B. Primär- oder Gestalttherapie, oder auch die Arbeit mit dem inneren Kind sind empfehlenswert, um Blockaden in diesem Chakra aufzulösen.

Beispiel

Mitunter kommt es vor, daß Kinder getrennt von ihren Eltern aufwachsen. Für manche Kinder ist dies sehr schlimm, und solche Erfahrungen können später die Partnerschaft überschatten. Die Tatsache, daß das Kind von seinen Eltern damals alleingelassen wurde, hat sein Urvertrauen erschüttert, und es ist mit Ängsten behaftet, der Partner könnte es ebenfalls verlassen.

Es könnte aber auch sein, daß das zweite Chakra durch andere Erfahrungen in der Kindheit gelitten hat. Vielleicht wurde das Kind gewalttätig behandelt oder sexuell mißbraucht und in seiner inneren Würde verletzt, so daß die Energien in diesem Chakra nicht frei fließen können. Die Arbeit mit dem inneren Kind oder eine Primärtherapie bringt die meist verdrängten negativen Erlebnisse wieder ins Bewußtsein. So können die damit verbundenen Gefühle gesehen und aus dem System des Klienten entlassen werden. Auf diese Weise kann sich dieses Chakra harmonisieren, und die Blockade löst sich.

Diese Beispiele sollen zeigen wie negative Erfahrungen den freien Fluß der Energien in verschiedenen Chakren behindern oder stören können. Aber alles läßt sich lösen mit der nötigen Geduld und Liebe, und die neugewonnene Energie und Freiheit wiegt alle Anstrengungen diesbezüglich wieder auf. Welch eine Erleichterung und Freude, wenn sich Blockaden auflösen und verschlossen geglaubte Persönlichkeitsbereiche jetzt gelebt und gefeiert werden können.

Aber nicht nur die Arbeit mit dem inneren Kind, sondern auch Tanzen und alles, was mit fließender Bewegung zu tun hat, ist empfehlenswert, um das zweite Chakra zu harmonisieren. Ebenso Schwimmen und andere Formen von Bewegung oder Therapie im Wasser sind heilsam für das Nabelchakra. Es gibt verschiedene Techniken, die besonders in den letzten Jahren entwickelt wurden, die im Wasser durchgeführt werden, meist paarweise, die das Loslassen auf tiefster Gefühlsebene ermöglichen und sehr hilfreich sind, um Verspannungen und Traumen im Gefühlsbereich zu lösen und zu heilen. Sie sind unter dem Begriff »Aqua-Healing« bekannt. Durch die Arbeit mit diesen oder ähnlichen Methoden kann dieses Chakra gereinigt und geöffnet werden. Das Gefühl von Vertrauen in seine Mitmenschen und in die eigene innere Würde kann dadurch wiederentdeckt und verfeinert werden.

Die Farbe Orange entspricht dem Nabelchakra und kann eingesetzt werden, um Körper und Seele in diesem Bereich zu harmonisieren. Wenn es auch eine Zeit dauern mag, der Einsatz lohnt sich und wird belohnt mit wiederentdeckter Lebensfreude, dem Fließen von kreativer Lebensenergie, glücklichen Partnerschaften und nicht zuletzt mit der Gewißheit, ein wahrhaft göttliches Wesen zu sein.

Das dritte Chakra

Dieses Chakra wird auch Solarplexus-Zentrum genannt. Es ist der Sitz unserer Persönlichkeit, und alle Erfahrungen unseres Lebens und unserer Vorleben sind hier gespeichert. Deshalb steht es auch für unser altes Wissen. Alle unsere Vorstellungen und inneren Bilder sind hier wiederzufinden, die von frühester Kindheit an durch Sätze, Bewertungen, Beurteilungen, Aussagen darüber, wer wir sind und wie wir sind, gebildet werden.

So ist also unser eigenes Selbstbild die Summe dessen, was jemals von Außen über uns geäußert wurde und wir dann internalisiert haben. Dem Kleinkind wird immer vorgesagt, wie schlau und intelligent es ist und »das wird bestimmt mal ein Ingenieur«, oder aber »der kapiert aber auch gar nichts, ich weiß wirklich nicht, was aus dem einmal werden soll«. Aussagen wie diese werden in unserem Solarplexus verinnerlicht, und daraus wird unser eigenes Selbstbild, unsere Persönlichkeit gebildet.

Das dritte Chakra steht aber auch für das Zentrum unserer unverfeinerten Gefühle, für unser Durchsetzungsvermögen und unsere Fähigkeit, unseren Platz im Leben zu behaupten. Ein weiteres Thema dieses Chakras ist unser eigenes persönliches Wertgefühl, das wie die Sonne von innen heraus strahlt und sich dann im Außen manifestiert.

So wird ein Mensch mit einem guten inneren Wertgefühl sicherlich die schönere Wohnung, die besser bezahlte Arbeitsstelle und die besseren Arbeitsbedingungen haben sowie mehr Anerkennung für seine Arbeit bekommen, als eine Person, die mit inneren Unwertgefühlen zu kämpfen hat. So hat der Solarplexus auch mit der Fähigkeit zu tun, unseren Platz in der Welt einzunehmen und unsere Aufgabe zu finden. Es steht auch für »Ich in der Welt«.

Harmonisch

Ein geöffneter Solarplexus strahlt von innen heraus, ohne daß von außen etwas benötigt wird. Das Licht des Universums strahlt aus dem Sonnengeflecht nach außen und verbreitet Wärme und Zuversicht. Es drückt sich aus in Optimismus und Fröhlichkeit, in einer heiteren Gelassenheit und der Gewißheit, daß sich die Dinge im Leben immer positiv entwickeln werden, ohne sich groß dafür anstrengen zu müssen.

Ein Mensch mit einem geöffneten Solarplexus verbreitet Lebensfreude und das Gefühl, daß das Leben hell und freundlich ist. Ein Mensch mit einer solchen Grundeinstellung wird sein Leben auf leichte und spielerische Art meistern und hat wahrscheinlich einen Sinn für die humorvolle Seite des Lebens.

Seine Grundüberzeugung ist »ICH KANN« und »Ich bin wertvoll«.

Ein solcher Mensch kennt keine Depressionen oder das Gefühl von Niedergeschlagenheit; er ist der fröhliche Optimist.

Sicherlich kann er sich gegenüber Energien, die ihm nicht gut tun, klar abgrenzen, weil er die Fähigkeit besitzt zu unterscheiden, was gut für ihn ist und was nicht. Seine persönliche Kraft ist gut ausgebildet, und er wird sie nicht unterwürfig an andere abgeben. Er sieht sich selbst im Mittelpunkt seines Lebens und wird dieses wahrscheinlich nach seinen eigenen Werten gestalten.

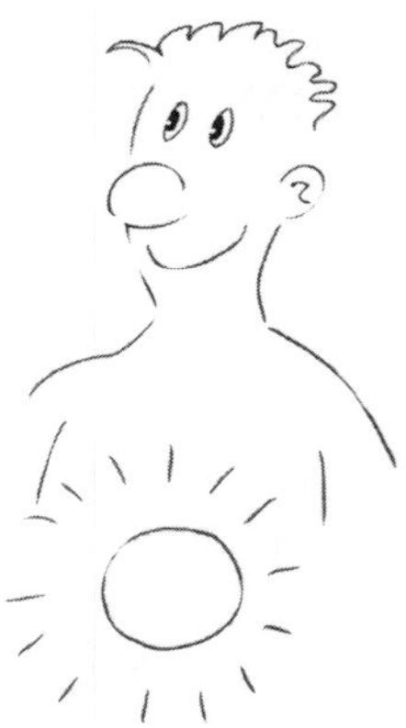

Unharmonisch

Schwingt dieses Chakra nicht harmonisch, so hat der Betreffende viel mit Unwertgefühlen, Ängsten und Zweifeln darüber, ob er sein Leben meistern kann, zu tun. Negative Gedanken oder auch Depressionen sind hier anzutreffen.

So ist das dritte Chakra auch das Zentrum unserer persönlichen Kraft, die, ist es geöffnet nach außen, in die Welt strahlt. So wird sich bei einem Menschen mit Schwierigkeiten in diesem Bereich dies so auswirken, daß die Kraft nicht nach außen strahlt, sondern aus Angst zurückgenommen wird. Sie richtet sich dann gegen die betreffende Person selbst, in Form von Selbstvorwürfen, Zweifeln usw.

Dies kann sich zuweilen durch plötzliche unkontrollierte Gefühlsausbrüche zeigen, weil die innere Kraft zurückgehalten und aufgestaut ist. Oder es verkehrt sich die eigentlich positive Fähigkeit, sich im Leben durchzusetzen, in das Bestreben, gewaltsam und quasi mit allen Mitteln die eigenen persönlichen Interessen zu verfolgen, ohne andere Menschen oder die eigenen Weisungen des höheren Selbstes zu beachten. Mit Machtspielen verschiedener Art versucht man, andere zu manipulieren und ihnen den eigenen Willen aufzuzwingen, um an ihre Kraft und Energie zu kommen, anstatt sie selbst im Inneren zu entwickeln. So wird wenigstens zeitweise das Gefühl von persönlicher Macht erlebt, für die dieses Chakra auch steht.

Die persönliche Macht, mit der man eigentlich im Positiven etwas bewirken könnte, wird nur dafür benutzt, entweder sich selbst oder andere mit erheblicher Energie herunterzumachen. So wird zeitweise diese Gefühl von Wert und persönlicher Macht erlebt, aber der Betreffende fühlt und weiß genau, daß dieses Gefühl nicht anhält, und er bleibt am Ende leer, kraftlos und mit dem Gefühl innerer Wertlosigkeit zurück.

Freilich kann dies auf die Dauer nicht die Lösung sein, aber es zeigt ganz eindeutig Defizite im Bereich des Solarplexus auf. Er hat Schwierigkeiten, seinen Platz und seine Aufgabe in der Welt zu finden.

Sein positiver Selbstausdruck ist gestört, und dies läßt sich an Gestik, Mimik, Körpersprache und Kleidung ablesen. Da das dritte Chakra nicht genügend strahlt, wird die betreffende Person sich nur schwerlich abgrenzen können gegenüber negativen Energien oder Menschen oder auch Gedankenkräften, die ihm eher schädlich sind.

Ein gesunder Solarplexus bildet durch das Licht, das er ausstrahlt, eine Art Schutzmantel, der seine Aura umgibt und ihn vor Energien schützt, die ihm nicht zuträglich sind. Außerdem wird er positive Energien und Gedankenkräfte in seiner Umgebung anziehen.

Harmonisierungsmöglichkeiten

Gut tut es auf jeden Fall, einen Sonnenuntergang zu beobachten und sein drittes Chakra vom Licht der Sonne oder anderen Lichtquellen auffüllen zu lassen. Man kann ein Sonnenblumenfeld oder ein reifes Kornfeld betrachten, die die Farbe des Solarplexus ausstrahlen.

Es empfiehlt sich auch die Arbeit mit Listen, in die man einträgt, welche Fähigkeiten man besitzt, um das eigene Selbstbild zu verändern und überholte Vorstellungen, die vielleicht nicht einmal die eigenen waren, loszulassen und durch neue positive zu ersetzen.

Hier bietet sich auch der Einsatz von positiven Affirmationen an. Natürlich ist auch die Arbeit mit Gefühlen sehr hilfreich, um negative Erfahrungen und Energien aus dem Solarplexus zu entlassen.

In der therapeutischen Arbeit führt der Weg sicherlich von der Depression, bei der alle Kraft nach innen und gegen das Selbst fließt, in die Aggression, um aufgestaute oder sogar tot geglaubte Gefühle zu befreien. So können alte Verletzungen der Persönlichkeit geheilt werden. Danach gilt es, das dritte Chakra aufzubauen und eine Aufgabe zu finden, für die es sich lohnt, seine Energie positiv einzusetzen.

Das vierte Chakra

Dieses Chakra ist allgemein auch unter dem Begriff »Herzchakra« bekannt. Es nimmt eine ganz zentrale Stellung innerhalb des Chakrasystems ein, weil es sich genau in der Mitte aller Chakren befindet.

Es steht für unser Einfühlungsvermögen, unsere Fähigkeit, Liebe zu sich selbst und zu anderen Menschen, Tieren, zur Natur oder auch zu Dingen zu empfinden, für unser Mitgefühl und die Fähigkeit, bedingungslos zu geben und zu lieben.

Der zugehörende Satz heißt: »ICH FÜHLE.«

Während die drei unteren Chakren allein die eigenen Belange zum Thema haben, geschieht hier zum ersten Mal eine Öffnung nach außen, weg von der eigenen Person hin zu anderen Menschen und zu seiner Umwelt. Das Herzchakra hat die Fähigkeit, sich in andere Menschen hineinzuversetzen und Energien zu fühlen und wahrzunehmen. Auf Grund dieser Fähigkeit des Herzens fließen alle heilenden Energien des Menschen auf jeden Fall immer durch das Herz. Daher ist das Herz der große Heiler im Chakrasystem, das negative Energien harmonisieren und ins Positive umwandeln kann.

Harmonisch

Schwingt dieses Chakra harmonisch, so ist man mit Selbstliebe und der Liebe zu seiner Umwelt gesegnet.

Man fühlt sich an den universellen Strom der Liebe angeschlossen, und der Duft dieser Liebesenergie fließt mühelos nach außen und entzückt und nährt seine Umgebung. Menschen mit einem geöffneten Herzchakra wirken wohltuend auf andere Menschen, oft entscheiden sie sich, sich mit einer heilenden Tätigkeit anderen zur Verfügung zu stellen. Ist das Herzchakra vollständig geöffnet, wird der Mensch hellfühlig, d. h., er kann mit seinen Händen, die dem Herzchakra zugeordnet sind, Energien fühlen oder auch direkt mit dem Herzen selbst. Er kann fühlen, wie es anderen Menschen geht, auch wenn dies nicht direkt kommuniziert wird. Man hat eine Antenne zum anderen, und es fällt einem leicht, Kontakt mit seinen Mitmenschen aufzunehmen.

Solch eine Fähigkeit ist in unserer westlichen Welt wenig beheimatet, in der die Menschen nur das anerkennen, was direkt sichtbar ist. Die Welt der Gefühle wird oft negiert oder vernachlässigt. Bei der bedingungslosen Liebe, die durch das Herzchakra im Idealfall fließt, geht es nicht um Profit oder um das, was für den einzelnen dabei herausspringt, sondern es geht um die Liebe an sich, die im Herzen überfließt und sich dann über alles ergießt, was ihm begegnet. Es ist hier die Liebe und Zuneigung gemeint, die nicht gibt, um etwas anderes zurückzubekommen, sondern einfach, weil dieses Gefühl in diesem Moment die Wahrheit ist, und sie fließt ohne Erwartungen an andere, einfach aus Freude am Geben.

So werden Menschen mit einem vollständig geöffneten Herzchakra den Kindern sehr ähnlich, aber die Welt der Berechnung stuft solch hochentwickelte Liebe oft als weltfremd und kindisch, ja albern ein. Aber wie heißt es noch gleich in der Bibel: »... wenn ihr nicht werdet wie die Kinder ...«. Um diese Energie geht es im vierten Chakra.

Menschen, die ein entwickeltes Herzchakra haben und beispielsweise im Solarplexus nicht so gut entwickelt sind, werden leicht in ihrer Hilfsbereitschaft und Freigebigkeit ausgenutzt. Ansonsten ist ein geöffnetes Herz ein Segen für alle Beteiligten.

Unharmonisch

Gerade weil es im Herzchakra um diese mitfühlende Liebe geht, wird dieses Chakra leicht mit Erfahrungen belastet, bei denen diese Liebe zurückgewiesen oder ausgenutzt wurde. Dann verdunkeln sich die »ach so wunderbaren« Gefühle des Herzens, und es entstehen Blockierungen und Verhärtungen, die aus dicken Schichten von Angst, Schmerz oder auch Haß und Wut bestehen können.

Durch unverarbeitete Erfahrungen und Enttäuschungen kann die Liebe des eigenen Herzens und die des uns immer umgebenden Universums nicht mehr gefühlt und wahrgenommen werden. Der Mensch fühlt sich abgeschnitten vom universellen Liebesstrom und hat auch Schwierigkeiten, liebevollen Kontakt zu anderen aufzunehmen. Mit dem verzweifelten Schrei nach Liebe bleibt er zurück und versucht dann vielleicht durch Manipulation oder Machtspiele, an die von ihm vermißte Liebe zu kommen. Der Versuch, die Liebe von anderen Menschen zu bekommen, wird freilich nur schwerlich glücken, und der entsprechende Mensch bleibt leer und einsam zurück. Das Gefühl von Engsein, innerer Verarmung und Ängsten aller Art geht damit einher.

Die Heilung wäre, wenn erkannt wird, daß es immer der eigene Liebesstrom ist, der den Menschen wirklich nährt, der sich dann freilich auch im Außen, in der Liebe seiner Mitmenschen widerspiegelt.

Harmonisierungsmöglichkeiten
Um dieses Chakra zu harmonisieren, muß zugelassen werden, daß alter Schmerz und Tränen an die Oberfläche gelangen, ebenso wie andere Gefühle wie Wut oder Haß. Durch das Loslassen dieser alten Gefühle und Verletzungen können alte Wunden harmonisiert und geheilt werden. Dadurch kann sich das verletzte Herz allmählich wieder öffnen und der Liebesstrom des Universums kann hindurchfließen.

Das Bedürfnis nach Liebe wird durch den wieder entdeckten Liebesstrom im eigenen Herzen gestillt. Dann wird es mehr als genug geben, um auch andere daran teilhaben zu lassen und Menschen zu finden, mit denen diese Liebe geteilt und gefeiert werden kann. Der Mensch fühlt sich auf allen Gebieten bereichert und genährt. Das Herz breitet seine Flügel aus, das Leben wird leicht und spielerisch.

Um das Herzchakra zu aktivieren, kann man auch einen Spaziergang durch die Natur machen, Blumen betrachten, um sich daran zu erfreuen, oder man kann sich mit Kindern umgeben.

Wem geht nicht das Herz auf beim Anblick kleiner Kinder?

Die Farben grün und rosa wirken ebenfalls harmonisierend und öffnend auf diesen Bereich.

Das fünfte Chakra
Was im Herzen an Liebe, Freude und Mitgefühl gefunden wurde, wird nun im fünften Chakra, auch das Kehlkopfchakra genannt, ausgedrückt. So fungiert dieses Chakra gewissermaßen als Nadelöhr,

zwischen der Persönlichkeit und den Inspirationen, die die Seele vom Göttlichen erhält. So steht das fünfte Chakra für unsere Hingabe, unsere Kreativität und unseren Ausdruck, verbal ebenso wie nonverbal, in Form von künstlerischen, gestaltenden und anderen Tätigkeiten, mit denen wir uns kreativ betätigen. Es wird auch das Tor zum Himmel genannt, weil sich hier die Persönlichkeit nach oben hin, weg von der eigenen Persönlichkeit für die höheren Anteile seiner Seele öffnet. Was im Herzen gefunden wurde, kann nun im Hals seinen Ausdruck finden.

Der Satz, der diesem Chakra entspricht heißt: »ICH DARF.«

Harmonisch

Schwingt das fünfte Chakra harmonisch, so findet hier die eigene innere Fülle des Herzens seinen Ausdruck. Dies zeigt sich in den verschiedenen Formen der Kreativität, wie künstlerische Tätigkeiten, Malen, Gestaltung, Schreiben, Bildhauern, Theater, Musik, Gesang und vielem mehr. Hier erfährt die Seele Inspirationen aus dem Kosmos, und inspiriert durch die göttliche Führung kann das Kehlkopfchakra wahrlich zum Ausdruck von etwas Höherem werden, das weit über den gewohnten Alltag hinausreicht. Der Ort der Hingabe: »Ich gebe mich hin, das Werk hier auf Erden zu tun, das für mich angedacht ist, meinen Beitrag zum Erdenleben zu leisten, mein besonderes Geschenk an die Welt.«

Ist dieses Chakra ganz geöffnet, kann dies bis zur Medialität und Hellhörigkeit führen. Man empfängt die eigene innere Stimme, die Führung des Göttlichen. Viel kann durch dieses Chakra vermittelt und in Bewegung gesetzt werden, sind wir doch alle die Vermittler zwischen Himmel und Erde und können Botschafter sein von etwas außerhalb unseres Gesichtskreises, Kanal für das größere Ganze.

Unharmonisch

Disharmonie drückt sich aus in Angst, seine Wahrheit auszusprechen, weil man befürchtet, Freunde oder Ansehen zu verlieren. Ängste, sich auszudrücken, weil man dafür bestraft werden oder jemanden verletzen könnte, sind vielleicht als Kindheitserinnerungen gespeichert oder wurden bereits aus früheren Leben mitgebracht.

Um nur ein Beispiel zu nennen, sei hier angeführt, wie viele weise Frauen im Mittelalter auf grausamste Weise umgekommen und bestraft worden sind, weil ihr Wissen von den damaligen Machthabern nicht geduldet wurde.

Es entsteht ein Konflikt zwischen den höheren Anteilen der Seele, die ihre Wahrheit aussprechen will, und der Persönlichkeit, mit ihren Ängsten und Glaubenssätzen, wie z. B., wenn ich mich äußere, werde ich bestraft oder abgelehnt, verliere meine Arbeitsstelle oder ähnliches. Solche Ängste sind in Form von Blockaden im Hals gespeichert und verhindern den freien Ausdruck des Individuums.

Das Recht auf freie Meinungsäußerung ist zwar im Grundgesetz verankert, scheint aber bei vielen Menschen nicht als Glaubenssatz gespeichert zu sein, sondern eher das Gegenteil. Es kann aber auch sein, daß andere Gefühle, wie Wut oder Schmerz, das Halschakra in seinem Ausdruck blockieren. Ein weiteres Thema dieses Chakras sind Widerstände, die sich in vielerlei Formen äußern können. Der Grundgedanke ist hier: »Ich bin dagegen.« Dies äußert sich in vielerlei Form gegen alle Regeln und Bestimmungen.

»Ich laß mir nichts vorschreiben …

– nicht von Gott
– nicht von Vorgesetzten
– nicht von Gesetzen oder Institutionen
– nicht von Eltern …«

Diese Liste ließe sich weiter fortsetzen und richtet sich letzten Endes gegen alle Autoritätspersonen im weitesten Sinne. Es bedeutet Kampf gegen alles, was meine Freiheit in irgendeiner Weise einschränken könnte, und nicht zuletzt gegen mich selbst. Der Grundwiderstand besteht in der Weigerung, hier auf der Erde zu sein, mit ihren einschränkenden Bedingungen. »Hier bestimme ich und nicht das größere Ganze«, denkt man und ist bestrebt, seinen Willen um jeden Preis durchzusetzen. Es herrscht ein verzweifelter Machtkampf gegen das größere Ganze, und man will, daß »nicht die höheren Anteile meiner Seele bestimmen, sondern die Persönlichkeit mit ihrem eingeschränkten Horizont«.

Ein harmonisches fünftes Chakra akzeptiert bestimmte Gesetzmäßigkeiten und übergeordnete Prinzipien als unumgängliche Gegebenheiten, kämpft nicht dagegen, sondern erkennt sie an. Die Energie, die hier für das Dagegensein aufgewendet wird, könnte positiv in Kreativität ausgedrückt und für alle Beteiligten weitaus gewinnbringender eingesetzt werden.

Ein harmonisches Halschakra bezieht im Zweifelsfalle die Weisheit der Seele in die Entscheidung mit ein und hört auf die leise innere Stimme, auch wenn sie dem entgegensteht, was ich als Persönlichkeit mit meinen begrenzten Glaubens- und Denkmustern für richtig halte.

Harmonisierungsmöglichkeiten

Zuerst gilt es, alte zurückgehaltene Gefühle zu befreien, um tieferliegende Blockaden zu lösen, danach kann mit allen Arten von Kreativität dieses Chakra geöffnet und harmonisiert werden.

Hobbies wie Singen, Malen und vieles mehr, sind hier nicht nur hilfreich, sondern bringen auch Freude. Die Farbe Hellblau ist diesem Chakra zugeordnet und wirkt ebenfalls harmonisierend.

Das sechste Chakra

Das sechste Chakra wird auch »das dritte Auge« genannt, es korreliert am Fuß mit dem 6./ 7. Punkt und hat eine Beziehung zur Hypophyse. Das sechste Chakra ist, wenn es entwickelt ist, ein Ort großer innerer Klarheit, und der Betreffende kann mitunter Dinge sehen und erkennen, die für das bloße Auge unsichtbar sind. Daher kommt auch der Ausdruck »das dritte Auge«. Diese große innere Klarheit läßt Dinge und Zusammenhänge erkennen, die andere Menschen nicht nur nicht sehen, sondern auch gerne verleugnen und unter den Teppich kehren würden.

Der zugehörende Satz lautet: »ICH SEHE.«

Das dritte Auge gewährt Einblick in die Energieebene, die Ebene, die hinter dem normalerweise Sichtbaren liegt. Sie zeigt uns Hintergründe von Menschen und ihren seelischen Zustand und wie es in Wirklichkeit um sie bestellt ist, hinter all den Masken der Persönlichkeit. So kann es z. B. sein, eine Person präsentiert sich extrem lebenslustig und freudig ihrer Umwelt gegenüber, doch ist dieses Verhalten nur ein aufgesetztes Verhalten, um die tatsächlichen Gefühle und Gemütszustände nicht zeigen zu müssen. Vielleicht trägt die betreffende Person einen großen Schmerz im Herzen, der zu schlimm ist, um ihn der Welt zu offenbaren.

Oder eine Person tritt ständig so auf, daß sie andere durch extrem aggressives Verhalten einschüchtert und schikaniert. Der normale Mensch, der nur dieses Verhalten sieht, würde vielleicht Angst bekommen und denken, daß sein Gegenüber ein gutes

Selbstbewußtsein hat. Dabei handelt es sich in Wirklichkeit um eine Person, die selbst große Mängel im Selbstbewußtsein aufweist und durch dieses Verhalten von anderen Menschen Energie bekommt, die sie selbst im Moment gerade nicht zur Verfügung hat. Mit bloßem Auge nicht zu erkennen, sieht das dritte Auge mehr, sieht hinter die Kulissen, was auf der Energieebene tatsächlich los ist.

Ist das dritte Auge vollständig geöffnet, wird der Mensch »hellsichtig«. Dann kann er Auras lesen, Energielöcher erkennen oder beispielsweise gedankliche Muster, die sich wie Nebelschwaden um den Kopf herum zeigen. Er sieht Machtspiele, die ablaufen, und kann schwierige Energie-, Partner- oder Familienbindungen erkennen. Er sieht hinter die sichtbare Ebene, und auch wenn das dritte Auge nicht vollständig geöffnet ist, aber harmonisch schwingt, so weiß dieser Mensch um die Dinge in der Tiefe und erkennt Wahrheiten, für die andere blind sind.

Dies gibt dem Betrachter freilich auch eine große Verantwortung, über diese Dinge nur zu sprechen, wenn er direkt danach gefragt wird z. B. in einer Heilbehandlung, aber ansonsten das, was er sieht, für sich zu behalten. Dieses Darüber-hinaus-Sehen geht nämlich mit großer Macht einher, die in der richtigen Weise und zum Wohle aller Beteiligten eingesetzt werden will. Ein falsches Umgehen mit dieser Art von Intuition wäre z. B. schon, wenn das Gesehene zur Be- und Verurteilung von anderen Menschen benutzt wird.

Wird das Gesehene bewertet und in Richtig und Falsch eingestuft, so stellt dies bereits einen Eingriff in das Leben eines anderen Menschen mit seinen freien Entscheidungen dar. Das ist für viele eine der letzten Fallen auf dem spirituellen Weg. Lange braucht es, bis sich Intuition und Klarheit in Hellsichtigkeit wandelt, meist dauert es mehrere Leben von Läuterung und Meditation. Wird diese gewonnene Klarheit aber als Machtinstrument eingesetzt in Beziehungen zu anderen, so wird sich das klare Blau dieses Chakras schnell wieder vernebeln, und die Fähigkeit ist plötzlich einfach nicht mehr vorhanden. Es ist eine schwierige Hürde, die Dinge hinter den Dingen zu erkennen und nicht zu bewerten und die Menschen dafür nicht zu beurteilen.

Harmonisch
Schwingt dieses Chakra harmonisch, so kann dieser Mensch leicht aus dem Strom seiner Gedanken aussteigen, und in der Stille und Leere der Meditation kann er Dinge erkennen, die für andere nicht zugänglich sind. Klarheit, intuitives Wissen um die Hintergründe der Dinge gehen damit einher.

Er weiß um die wahren Absichten seiner Mitmenschen, aber in unserer Welt des äußeren Scheins, in der der rationalen Intelligenz ein so großer Stellenwert zugeordnet wird, sind diese Fähigkeiten wenig geschätzt und nicht beheimatet. So lebt ein Mensch mit einem vollständig geöffneten dritten Auge gewissermaßen in zwei Welten, der sichtbaren und der, die hinter den Masken liegt. Gabe und Verantwortung zugleich, die sich wohl eher zu bereits gereiften Seelen gesellt. Es bedarf Tiefe und Verständnis manchmal über viele Leben hinweg, bis diese Welt Einblick gewährt.

Wer schon in schwierigen Lebenslagen von dieser Gabe profitierte, wird mir zustimmen, daß diese Ebene sehr wertvoll und hilfreich sein kann. Sie bringt Klarheit und Weitsicht und gewährt dem Betreffenden Einsichten, zu denen man vielleicht selbst nicht so ohne weiteres Zugang gehabt hätte. Viele Schwierigkeiten im Leben lassen sich leichter und schneller bewältigen, wenn ein Mensch selbst oder durch eine andere Person Zugang erhält zu dieser Art von Sehen. So kann eine Hellsichtige viel bewirken, indem sie ihre Fähigkeiten anderen Menschen zur Verfügung stellt, ein wahrer Segen in den Wirrungen unserer Zeit.

Ein Mensch mit einem harmonischen sechsten Chakra kann über die eigenen Gefühle und Wünsche hinaus Einsichten haben. Er ist aufgrund dieser Einsicht lernfähig und kann auch in schwierigen Situationen den Überblick behalten. Er wird diese Fähigkeit wahrscheinlich in der einen oder anderen Weise in Form von Beratung einsetzen. Er kann seine gedankliche Ebene gut koordinieren, hat den Blick für das Wesentliche. Er kann gut visualisieren und weiß, daß er seine Wirklichkeit durch seine Gedanken erschafft.

Dies bedeutet auch, daß er sich bewußt ist, daß er nicht das Opfer von irgendwelchen zufälligen Ereignissen ist, sondern daß sich seine Gedanken in der sichtbaren Welt manifestieren. Vielleicht hat er auch eine ausgeprägte Intuition und kann die Gedanken von anderen leicht lesen bzw. erahnen.

Unharmonisch

Schwingt dieses Chakra nicht harmonisch oder ist es geschlossen, so bleibt der Mensch in seinen Gedanken verstrickt. Kopflastig versucht er alles nach seinen eigenen gedanklichen Maßstäben und Werten zu beurteilen und ist meist auch noch sehr stolz und eingebildet auf seinen »ach so ausgebildeten« Denkapparat. Ist der Mensch seiner Gedankenebene verhaftet, kann er nur schwer in die Stille der Meditation eintauchen.

Die Stille der Meditation bedeutet eben auch Stillstand der Gedanken, und dies kann bei einem geschlossenen sechsten Chakra nur schwer ausgehalten werden, der Mensch ist ständig gedanklich beschäftigt und dem Strom seiner Gedanken völlig ausgeliefert. Es fällt ihm sicherlich schwer, einsichtig zu sein, da er sich nur an seiner gedanklichen Ebene orientiert und zu Ebenen, die nicht sichtbar oder erklärbar sind, hat er nur wenig oder keinen Zugang.

Harmonisierungsmöglichkeiten
Um das sechste Chakra zu harmonisieren, ist es auf jeden Fall hilfreich, die Stille zu suchen und zu meditieren. Alles, was klar ist, kann hilfreich sein, ebenso wie Wasser oder Licht, die dieses Chakra reinigen. Zu empfehlen wäre hier auch das Auflegen von Bergkristallen oder anderen Edelsteinen wie z. B. Amethyst.

Die Farbe Blau wirkt harmonisierend und erfüllt den Betrachter mit Ruhe und Frieden.

Da die Entwicklung dieses Chakras nicht willentlich vorangetrieben werden kann, bedarf es Geduld. Eine Gnade, wenn es sich öffnet …

Das siebte Chakra
Es symbolisiert unsere Verbindung zum Licht, zu unserem kosmischen Ursprung.

Es steht für das »ICH BIN«.

Hier erhält der Mensch die Nahrung für seine Seele und echte Führung von seinem Höheren Selbst. Durch die Verbindung zur höheren Weisheit wird sein Verhalten unabhängig von den Bewertungen von außen, von den Meinungen anderer sowie von den eigennützigen Bestrebungen seiner eigenen Persönlichkeit.

Mit der Führung des Lichts, das bei einem geöffneten siebten Chakra verfügbar wird, beginnt der Betreffende mehr von seiner

Seelenebene aus zu agieren und ist so den begrenzten Lebens- und Denkmustern seiner Persönlichkeit weniger ausgeliefert.

Wahrscheinlich wird ein Mensch mit einem geöffneten Kronenchakra weniger »reagieren« in seinem Verhalten, als vielmehr die Qualität seiner höheren Seelenanteile mehr in sein alltägliches Verhalten einfließen lassen. Er wird sich mit größerer Freiheit, Selbstsicherheit und Gelassenheit in unserer Welt bewegen, weil er fortwährend die Unterstützung der höheren Ebene seiner Seele und der Kosmischen Weisheit erfährt.

Solch ein Mensch lebt in Einklang mit sich selbst, und die Zustimmung anderer wird als nur zweitrangig erlebt.

Harmonisch

Ist dieses Chakra entwickelt, bist du gesegnet, und das goldenweiße Licht des Universums fließt über dieses Chakra, das nach oben gerichtet ist, fortwährend in dich ein. Daher auch der Name »Kronenchakra«. Das Gefühl von Verbundenheit und Einssein mit der Quelle des Lichts ist spürbar.

Gelassen kannst du deiner inneren Führung folgen. Glückseligkeit und das Gefühl, ganz und richtig zu sein, stellt sich ein. Angst und Unruhe, verbunden mit dem Gefühl, irgend etwas im Außen suchen oder erreichen zu müssen, ist einfach nicht vorhanden. Das Gefühl, angekommen zu sein bei sich und dem göttlichen Plan zu folgen, stellt sich ein. Tiefer Frieden, Erfülltsein und Gelassenheit gehen damit einher. Du folgst jetzt weniger den

Weisungen deiner Persönlichkeit als vielmehr jenen deiner Seele und des kosmischen Plans für dich.

So steht das Scheitelchakra nicht zuletzt auch für die Verbindung zur kosmischen Mutter, die dich besser nähren kann, als es eine irdische Mutter jemals tun könnte. Den Segen des Ganzen über dir, kannst du jetzt mit großer Ruhe und Gewißheit deine Aufgabe auf Erden meistern.

Unharmonisch

Ist das Scheitelchakra geschlossen oder schwingt es nicht harmonisch, so ist die Verbindung zur Kosmischen Einheit unterbrochen und der Anschluß zu der höheren Weisheit deiner Seele, des Seelenplans und der Existenz kann nicht gefühlt werden.

Der Mensch scheint abgeschnitten und den Weisungen und Befehlen seines kleinen Ichs, seiner Persönlichkeit ausgeliefert. Es fehlt die Verbundenheit mit der Quelle. Der Frieden und die Erfüllung dieser höheren Ebene ist diesem Menschen nicht zugänglich. Er scheint gefangen in der uns sichtbaren Welt des Scheins. Ohne Anschluß an diese Ebene wird der Mensch rein aus seiner Persönlichkeit heraus und seinen eigennützigen Bedürfnissen agieren. Der Grund für die fehlende Verbindung können Glaubensmuster sein wie z. B. »Ich bin nicht gut genug, ich bin es nicht wert, meinen göttlichen Ursprung zu fühlen.«

Es können auch Gedanken wie Schuld oder auch Groll, Verbitterung und Kampf (ein Dagegensein) gegen die göttliche Ordnung, den göttlichen Plan, ja gegen Gott selbst sein, die den Energiefluß in diesem Chakra behindern. Sie bilden

Blockaden am Kopf, direkt am oder über der Schädeldecke, die aussehen wie Nebelschwaden oder Kappen, die das goldene Licht, das fortwährend darauf wartet zu fließen, nicht durchlassen.

So sucht der Mensch verzweifelt im Außen nach Erfüllung. Seine Seele schreit und sehnt sich nach der Verbindung zum größeren Ganzen, aber gefangen in den eigenen Lebens- und Denkmustern, hat dieser Mensch keinen Zugang zu dieser Ebene; dabei ist doch alles da an Fülle, Segen und Weisheit und wartet nur darauf, fließen zu dürfen. Schwer zu verstehen oder überhaupt nicht einsehbar ist die Tatsache, daß es nur dessen bedarf, eigene mentale Schranken aufzugeben gegenüber sich selbst, dem Leben und dem göttlichen Prinzip. Die Suche muß sich nach innen wenden, wahrhaftig gegenüber sich selbst und seinen Gefühlen.

Harmonisierungsmöglichkeiten

Gut tut es auf jeden Fall, einen Wasserfall mit seiner fließenden Energie zu betrachten. Auch helfen die Farben Violett oder Weiß, die für dieses Chakra stehen. Um das Kronenchakra zu öffnen und zu harmonisieren, bedarf es bei jedem Menschen etwas Unterschiedliches, da er mit sich selbst in Einklang kommen muß.

Dies klingt zunächst einfach, aber wir alle haben Bereiche, die wir nicht als unser eigen anerkennen, d. h. wir verleugnen sie. Das, was wir aber verleugnen, trennt uns davon, ganz wir selbst zu sein.

Daher ist es beim einen nötig, daß alter Schmerz fließen darf, der andere muß vielleicht seine Widerstände und seine Wut gegen den göttlichen Plan loslassen. Oder wieder ein anderer muß sich selbst wertschätzen und seinen eigenen Bedürfnissen mehr Bedeutung zukommen lassen. Er muß vielleicht lernen, daß es nichts an ihm gibt, das falsch oder unwürdig wäre.

Es könnte auch sein, daß sich eine Person schuldig fühlt wegen Fehlern, die sie in diesem oder anderen Leben begangen hat, und sich noch immer dafür selbst bestraft, weil sie damals gegen den göttlichen Plan verstoßen hat. Lang könnte diese Liste fortgesetzt werden, und jeder muß seine eigene Blockade erkennen und loslassen.

Mitunter geschieht eine Öffnung auch durch plötzliche Momente, sei es durch Unfälle, plötzliche Krankheiten, Bewußtlosigkeit oder Herzversagen, so daß die Persönlichkeit und ihr Panzer so erschüttert wird, daß sie zeitweise außer Kraft gesetzt sind und das Seelenlicht seinen Weg findet, was unter normalen Umständen nicht möglich wäre, weil die Blockade zu stark ist.

Freilich sind dies von der Seelenebene her betrachtet keine Zufälle, sondern es wird bewußt herbeigeführt, um weiterzukommen, weil die Seele keinen anderen Weg findet, denn zu dick ist die Blockade, zu uneinsichtig die Persönlichkeit. Für jüngere Menschen ist es vielleicht leichter, weil ihnen andere Mittel und Wege offenstehen, wie z. B. über Selbsterfahrungs- oder Therapiegruppen.

Andere wieder wählen eher den Weg über Krankheit, sei sie körperlich oder mental. Dabei ist kein Weg besser oder schlechter als der andere, die Seele entscheidet, welcher Weg der beste und effektivste ist.

Mag es auch mühevoll und schmerzlich erscheinen, so ist der Segen, der sich bei einer Öffnung ereignet, einfach überwältigend und mit nichts aufzuwiegen. So wählen spirituell ausgerichtete Menschen vielleicht den Weg über einen Meister, um an das Licht und die Führung, nach der sie sich so sehnen, zu kommen. Dabei handelt es sich um eine Übergangsphase, bei der sich der Schüler durch seine Hingabe zum Meister einen Weg bahnt, damit das Licht des Universums für ihn verfügbar wird. Die Aufgabe des

Meisters ist dann getan, wenn der Schüler selbst die Verbindung zum Licht entwickelt hat. Jetzt kann er nach seinem eigenen Licht und Führung handeln.

Bewerten sollte man die verschiedenen Wege zum Licht nicht, denn sie haben alle ihre Berechtigung und Richtigkeit, abgestimmt auf die jeweilige Person. Denn mögen die Wege auch verschieden sein, schließlich sind wir alle Kinder des Lichts und kehren nach dem Tod wieder dahin zurück, zu unserer Quelle, unserem Ursprung.

Um das Kronenchakra also zu harmonisieren, bedarf es ganz sich selbst zu sein und aufrichtig den Regungen seines Selbst zu lauschen. Dies ist nicht einfach, wenn das Gefühlte den äußeren Konventionen entgegensteht. Doch es lohnt sich, denn nicht zuletzt steht dieses Chakra für unseren eigenen göttlichen Funken, der nur darauf wartet, wahrgenommen zu werden. Damit stellen sich Einssein und die wunderbare Verbindung zu allem ein, was ist.

Chakrenreise

Die folgende Chakrenreise ist eine schöne Art, deine Chakren von Zeit zu Zeit aufzuladen.

Stelle sicher, daß dich während dieser kleinen Reise durch die Chakren wirklich niemand stört, weil es dir schaden könnte, wenn diese Reise unterbrochen wird.

Laß am untersten Teil deiner Wirbelsäule einen roten Lichtfunken entstehen, der sich dreht und langsam immer größer wird, bis dein ganzer Körper in wunderbares rotes Licht getaucht ist, und genieße die Farbe so lange, wie es sich für dich gut anfühlt.

Dann gehe mit deiner Aufmerksamkeit zum zweiten Chakra. Es befindet sich eine Handbreit unter dem Bauchnabel. Der Lichtfunke, der hier entsteht ist orange. Auch dieser breitet sich aus, bis der ganze Körper darin eingehüllt ist.

Gehe in dieser Weise alle Chakren durch und lasse deinen Körper und die Aura von der jeweiligen Farbe durchfluten.

Das dritte Chakra ist in der Mitte deines Körpers unterhalb des Rippenansatzes zu finden. Der Lichtfunke ist hier ein leuchtendes Goldgelb.

Das vierte Chakra befindet sich in der Mitte deines Brustraumes, und der Lichtfunke ist hellgrün.

Das fünfte Chakra ist in der Mitte deines Halses, und der Lichtfunke, der hier entsteht, ist hellblau.

Das sechste Chakra ist genau in der Mitte deiner beiden Augenbrauen, und der Lichtfunke ist königsblau.

Das siebte Chakra befindet sich auf der Mitte deines Schädeldachs, und der Lichtfunke ist violett oder strahlendes Weiß.

Wenn deine Reise abgeschlossen ist, kannst du die Stille, die dabei entstand, noch eine Weile genießen. Dann strecke dich ein wenig und kehre zurück in dein Tagesbewußtsein.

Solltest du bemerken, daß ein Chakra besonderer Aufmerksamkeit bedarf, so ist es hilfreich, die entsprechende Farbe im Alltag einzusetzen. Man kann darin sehr kreativ sein, zum Beispiel Nahrungsmittel der entsprechenden Farbe wählen oder die Kleidung oder die Wohnungseinrichtung mit der Farbe bereichern. Der Einsatz der Farbe bewirkt eine sanfte Aktivierung des jeweiligen Chakras und unterstützt dich in deinen Bemühungen, den entsprechenden Bereich zu harmonisieren.

Nachwort

Eure Kinder sind nicht eure Kinder.
Sie sind die Söhne und Töchter der Sehnsucht des Lebens nach sich selber.
Sie kommen durch euch, aber nicht von euch,
Und obwohl sie mit euch sind, gehören sie euch doch nicht.
Ihr dürft ihnen eure Liebe geben, aber nicht eure Gedanken,
Denn sie haben ihre eigenen Gedanken.
Ihr dürft ihren Körpern ein Haus geben, aber nicht ihren Seelen,
Denn ihre Seelen wohnen im Haus von morgen,
Das ihr nicht besuchen könnt, nicht einmal in euren Träumen.
Ihr dürft euch bemühen, wie sie zu sein, aber versucht nicht, sie euch ähnlich zu machen.
Denn das Leben läuft nicht rückwärts, noch verweilt es im Gestern …

Kahil Gibran

Die Zeit ist reif für das neue Zeitalter im Wassermann, was eine Umstrukturierung unseres menschlichen Miteinanders auf allen Ebenen bringen wird. Auch innerhalb der Familien gibt es festverankerte Strukturen, die dem Wachstum der einzelnen Familienmitglieder keineswegs mehr nützlich sind, sondern nur die Wachstumsprozesse der einzelnen Mitglieder be- oder sogar verhindern.

Mir scheint es kein Zufall zu sein, daß gerade jetzt die Familienaufstellung nach Bert Hellinger so populär geworden ist und dieses Angebot, eine gesunde Ordnung in die Familien zu bringen, nicht nur von spirituellen Menschen wahrgenommen wird, sondern von einer immer größer werdenden Gruppe von Menschen. Viele Strukturen, die bislang als richtig galten, verlieren ihre Gültigkeit, die Menschen wollen gleichberechtigter und respektvoller behandelt werden. Eine wichtige Grundvoraussetzung ist dabei allerdings, daß den Menschen bewußt wird, wie diese alten Strukturen aussehen, wie sie sich auswirken und nicht zuletzt, wie sie gelöst werden können.

Die Metamorphose kann hier dazu beitragen, diese verfestigten Strukturen zu erkennen und zu lösen. Dabei ist das besonders Schöne an dieser Technik, daß diese Muster nicht nur gedanklich, sondern auch als Informationen, die im Erbgut der Familien verankert sind und sich auf der Körperebene manifestieren, gelöst und umgewandelt werden.

Nachdem du dieses Buch gelesen hast, mag sich vielleicht so manche schwangere Frau fragen, wie sie denn nun am besten diese Zeit der Schwangerschaft angehen soll. Äußere Bedingungen und Gegebenheiten lassen sich auch in der Zeit der Schwangerschaft nicht immer optimal einrichten, wie aber die Schwangere damit umgeht, liegt in ihrer persönlichen Freiheit. Dazu habe ich einen schönen Text zur Anregung gefunden:

> »Bevor das Kind zur Welt kommt, solltest du so tief wie möglich in Meditation gehen.
>
> Wenn das Kind in deinem Schoß ist, wird alles, was du tust, sich ständig auf das Kind übertragen. Wenn du wütend bist, wird die Wut in deinem Bauch Spannungen erzeugen,

und das Kind spürt es sofort. Wenn du traurig bist, entsteht in deinem Bauch ein Gefühl von Traurigkeit, und das Kind wird sich lustlos und deprimiert fühlen. Das Kind ist völlig von dir abhängig. Jede deiner Stimmungen ist auch die Stimmung deines Kindes. Noch besitzt das Kind keine Unabhängigkeit. Deine Verfassung ist auch seine Verfassung. Also kein Kämpfen mehr, kein Ärger mehr.

Während der nächsten sieben Monate mußt du also äußerst wachsam sein. Das Kind ist wichtiger als alles andere. Wenn dich jemand beleidigt, akzeptiere es, aber werde nicht wütend. Sage zu ihm: ›Ich bin schwanger, und das Kind ist jetzt wichtiger, als mich über dich aufzuregen. Diese Situation wird vorübergehen und ich werde in ein paar Tagen nicht mehr wissen, wer mich beleidigt hat und was ich getan habe. Aber das Kind wird vielleicht 70 oder 80 Jahre auf dieser Welt sein. Es ist ein Lebensprojekt.‹

Wenn das Kind geboren ist, dann kannst du wütend werden, aber nicht jetzt. Das nenne ich einfühlsames Verständnis. Keine Traurigkeit mehr, keinen Ärger mehr, keinen Haß mehr, kein Streit mehr mit dem Partner. Beide müssen sich nach dem Kind richten, es hat immer den Vorrang.

Statt dessen feiere deine Vorfreude in dieser Zeit: Tanze, singe, höre Musik, meditiere, liebe. Sei ganz sanft und mache nichts in Hektik oder Eile. Tue nichts unter Spannung. Bewege dich langsam, verlangsame dein Tempo. Ein wunderbarer Gast wird kommen – und du machst dich bereit, ihn zu empfangen.«

Osho – (*Das Buch der Frauen*, Heyne-Verlag)

Kontakt

Interessenten für meine Kurse und Ausbildungen zum Thema Metamorphose wenden sich bitte an:

Aline Gruber-Keppler
Tel. 0711-610900

oder unter:

www.ocean-of-light.de
ocean-of-light@hotmail.de

Danksagung

Ich danke A. Lilien Bürgel für alles, was sich durch die Begegnung mit ihr in Bewegung gesetzt hat, und meinem Meister Osho.

Ich danke meiner Freundin und meinem lieben Mann für ihre Unterstützung bei der Entstehung dieses Buches.

Nicht zuletzt aber danke ich dem Leben und den Engeln, daß sie mich leiteten, wenn der Weg auch manchmal ins Ungewisse führte und ich lernen mußte, zu vertrauen.

Quellenhinweise

Kahil Gibran: *Der Prophet*, Walter-Verlag
Osho aus: *The Sound of Running Water*
Deutsch in: *Das Buch der Heilung*, Heyne-Verlag
Osho aus: *God is not for Sale*, 6. Kapitel.
Deutsch in: *Das Buch der Frauen*, Heyne-Verlag

Ausserdem in unserem Verlag

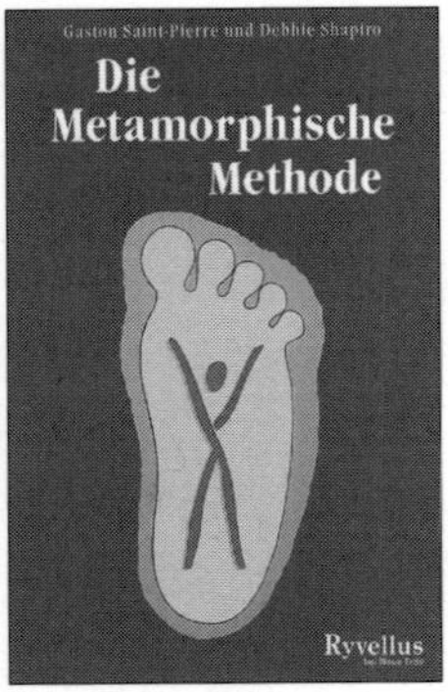

Gaston Saint-Pierre/ Debbie Shapiro
Die Metamorphische Methode
Auflösung vorgeburtlicher Muster
Durch die Metamorphische Methode ist es möglich, uns zu wandeln von dem, der wir sind, zu dem, der wir sein können. Energiemuster, die sich in der vorgeburtlichen Phase des Menschen verfestigt haben und seine spätere Entfaltung begrenzen, werden durch gezielte Berührung des Reflexbereiches der Wirbelsäule an Füßen, Händen und Kopf beeinflußt. So wird ein einfacher und ganzheitlicher Zugang zur Selbstheilung und Wandlung gefunden. Die Metamorphische Methode ist ideal für den Gebrauch innerhalb der Familie und in allen Heilbereichen.
Paperback, 128 Seiten
ISBN 3-89060-435-8

AUSSERDEM IN UNSEREM VERLAG

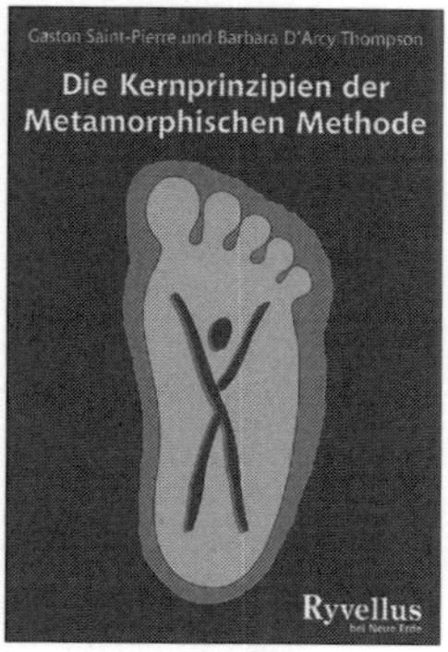

Gaston Saint-Pierre/ B. D'Arcy Thompson

Die Kernprinzipien der Metamorphischen Methode

In diesem kleinen Band sind die Grundprinzipien der Metamorphischen Methode zusammengefaßt, so daß der interessierte Leser sich in Kürze über die Grundlagen dieser Methode informieren kann. In den zwei anschließenden Kapiteln beschreibt Gaston Saint-Pierre beeindruckende Erfahrungen seiner Arbeit anhand seiner eigenen Lebensgeschichte.

Erweiterte und verbesserte Neuauflage, Paperback, 72 Seiten.

ISBN 3-89060-430-7

Gaston Saint-Pierre

Tafel zur Metamorphischen Methode

Die anschauliche Darstellung der Punkte, mit denen man bei der Auflösung vorgeburtlicher Prägungen arbeitet.

Format 50 x 70 cm

ISBN 3-89453-035-9

J. R. Worsley

Was ist Akupunktur?

Gesundheit für den ganzen Menschen

Professor Worsley, weltweit einer der besten seines Faches, gibt in diesem schon legendären Vortrag von 1980 in New York eine hervorragende Einführung der TCM (Traditionelle Chinesische Medizin). Eine wunderbare, mit Esprit und Humor dargestellte Einführung in den Geist der chinesischen Akupunktur, in der deutlich wird, wie wichtig es für die Menschheit ist, sich wieder auf die Naturgesetze einzustimmen. Diese gelten heute – auch für Menschen im Westen – genauso unveränderlich wie für die alten Chinesen und sind Grundlage für die Gesundheit von Körper, Geist und Seele.

»Wer dieses aus dreißigjährigem Erfahrungswissen heraus geschriebene Buch liest, weiß in kurzer Zeit mehr über sich und die in seinem Körper wirkenden Naturgesetze – Seele, Geist mit einbezogen – als er jemals ahnen könnte.« (*Esotera*)

Paperback, 128 Seiten

ISBN 3-89060-429-3

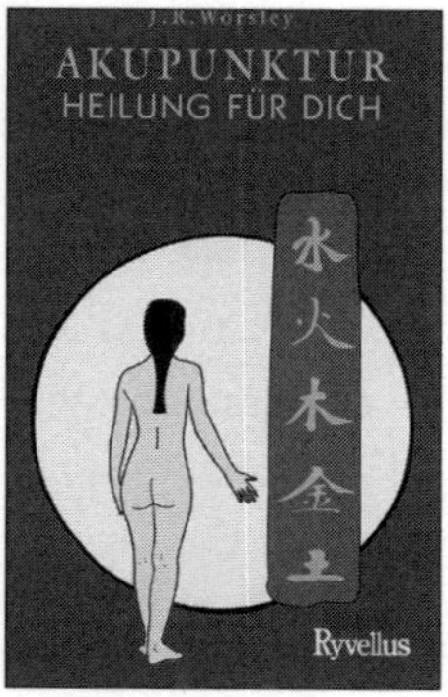

J. R. Worsley
Akupunktur – Heilung für Dich
Akupunktur ist eine der ältesten Heilweisen, die der Menschheit bekannt sind. Sie wurde vor ca. 5000 Jahren in China begründet, doch die Weisheit, die ihr zugrundeliegt, ist heute ebenso lebendig und wichtig, wie sie es seit jeher war. Die Tatsache, daß Akupunktur bis heute in zunehmendem Maße auch in der westlichen Welt angewandt wird, spricht für ihre Wirksamkeit. Neben der Frage »Wie wird Akupunktur am besten angewandt?« setzt Professor Worsley sich in diesem Buch intensiv mit dem Thema auseinander, was es heißt, Akupunkteur zu sein, wobei er hohe Anforderungen an Ausbildung, die Grundhaltung und langjährige Praxis des Behandelnden stellt. Außerdem beantwortet er alle Fragen über diese chinesische Heilweise, die häufig gestellt werden.
Paperback, 128 Seiten
ISBN 3-89453-077-4

Michael Blate

Das Akupressur Handbuch

Zur Soforthilfe für den Alltag

Von Akne bis Zahnschmerzen

Das Akupressur-Handbuch ist ein äußerst wertvolles Hilfsmittel zur Ersten Hilfe bei Krankheiten und Beschwerden. Nach einer kurzen, aber fundierten Einführung finden wir im ersten Teil in alphabetischer Reihenfolge viele Krankheiten und Beschwerden und dazu die Druckpunkte, deren Stimulierung Linderung bringt. Diese Punkte sind durchnumeriert, und so ist es ganz einfach, im zweiten Teil nachzuschlagen, in dem die Lage der Punkte auf Zeichnungen und in Beschreibungen so dargestellt ist, daß sie leicht zu finden sind. Hier sind auch die entsprechenden Indikationen noch einmal aufgeführt.

Paperback, 228 Seiten. ISBN 3-89060-421-8

Luc Théler

Hunyuan Qi Gong

In der Bewegung der Natur

Tai Chi und Qi Gong beruhen auf dem jahrtausendealten Wissen der daoistischen Priester, das aus der Beobachtung der Natur die grundlegenden Prinzipien des Kosmos ableitet. Durch die gezielte Anwendung und Lenkung der Naturkräfte im eigenen Körper wird der Übende Gesundheit und innere Kraft erfahren. In diesem Buch von Luc Théler findet der Leser das authentische, über viele Generationen von Meister auf Schüler übertragene Wissen wie auch die Anleitungen für Übungen, von denen viele durch dieses Buch im Westen erstmals bekanntgemacht werden.

Gb., 384 Seiten, viele Fotos, 16 x 23,5 cm. ISBN 3-89060-420-X

Loni Liebermann/ Andrea Bilger

Tai Chi Chuan Übungsbuch

Die Schritt-für-Schritt-Anleitung zum Tai Chiim Yang-Stil

In diesem Buch ist es erstmals gelungen, die komplexe und meditative Bewegungskunst des Tai Chi Chuan leicht nachvollziehbar darzustellen. Einzigartig ist die filmartige Darstellung sämtlicher Bewegungsabläufe, welche es ermöglicht, Tai Chi Chuan unmittelbar von der Abbildung in Bewegung umzusetzen. Durch simultane Abbildung von Vorder- und Rückansicht ist eine seitenverkehrte Nachahmung, wie im praktischen Unterricht mit einem Lehrer, nicht erforderlich. Die hier dargestellte Tai Chi Chuan-Form zeichnet sich aus durch ihre Klarheit und die harmonische Verbindung gleichmäßiger, ruhig fließender Bewegung. Sie enthält eine Vielfalt von Sequenzen, die auch einzeln geübt werden können und in ihrer Gesamtheit einen umfassenden Übungszyklus erschließen.

Ringheftung mit 48 S. + 38 Tafeln im Format 24 x 96 cm,
Buchformat 24 x 24 cm. ISBN 3-89060-424-2

Irene Kasemann

Feng Shui Hilfsmittel gezielt einsetzen

Da haben Sie schon einige Feng Shui-Bücher gelesen, und jetzt fangen Sie an. Da kommen aber die Fragen: Soll ich hier wirklich einen Spiegel nehmen? Oder ist nicht ein Klangspiel besser? Vielleicht wäre aber auch eine Pflanze das Richtige? Nun fangen Sie an zu blättern und zu suchen. Wo stand das noch? Oder war es in dem anderen Buch? – Greifen Sie jetzt zu diesem neuen Buch, und schnell haben Sie alle Informationen auf einen Blick und können entscheiden.

Pb., 96 Seiten. ISBN 3-89060-050-6

NEUE ERDE ist Sponsor von Baumprojekten.
Mehr unter **www.freunde-der-baeume.de**

Bücher von NEUE ERDE im Buchhandel
Im deutschen Buchhandel gibt es mancherorts Lieferschwierigkeiten bei den Büchern von NEUE ERDE. Dann wird Ihnen gesagt, dieses oder jenes Buch sei vergriffen. Oft ist das gar nicht der Fall, sondern in der Buchhandlung wird nur im Katalog des Großhändlers nachgeschaut. Der führt aber allenfalls 50% aller lieferbaren Bücher. Deshalb: Lassen Sie immer im VLB (Verzeichnis lieferbarer Bücher) nachsehen, im Internet unter **www.buchhandel.de**

Alle lieferbaren Titel des Verlags sind für den Buchhandel verfügbar.

Sie finden unsere Bücher in Ihrer Buchhandlung oder im Internet unter **www.neueerde.de**

Bücher suchen unter: **www.buchhandel.de**. (Hier finden Sie alle lieferbaren Bücher und eine Bestellmöglichkeit über eine Buchhandlung Ihrer Wahl.)

Bitte fordern Sie unser Gesamtverzeichnis an unter

NEUE ERDE GmbH
Cecilienstr. 29 · D-66111 Saarbrücken
Fax: 0681 390 41 02 · info@neueerde.de

NEUE ERDE